新幹線の軌跡と展望

国会で活路を拓く

Daizo Nozawa 野沢 太三

札幌駅JRタワービル

青函トンネル

三内丸山BV

八甲田トンネル

新青森駅

東京駅

長野駅

軽井沢駅

富山駅

福井駅

新鳥栖駅

博多駅
完成図

発刊によせて

元内閣総理大臣
森　喜朗

発刊によせて

私と野沢太三さんは整備新幹線建設促進議員連盟の会長と事務局長という立場で、多年わが国の新幹線の建設を進める議員グループの仲間として、新幹線の実現のため働いてきました。

野沢さんは元国鉄出身の技術者として、分割民営という厳しい国鉄改革の法案を国会で成立させ、改革の成果を実りあるものにしようと参議院の全国区から選出され、国政に参画された方であり、中曽根総理の唱えた三公社の民営化、特に国鉄の改革を訴えた構想は衆参同日選で圧倒的な支持を頂き、安定多数の国民的合意を確立することができました。

そのお陰で国鉄改革八法案は無事国会を通過し、昭和六十二年四月から国鉄はＪＲグループとして再出発することになりました。それまで凍結されていた整備新幹線構想を現実の政策として政府与党の見直し検討委員会で取上げて、再出発することになりました。野沢さんは当時まだ一期目の議員であったが、その専門的知識を評価され、唯一人委員会に加えられ、順位付けや財源の確保に努力されました。この結果、北陸、東北、九州の三線区五区間が実現することになり、順位に従って逐次着工することができたものです。

当初から最も苦心した事は財源の手当でした。旧国鉄は財投の借入れが嵩み、分割民営化の道を辿ったことに鑑み、借入金をタブーとして組立てたことでした。

防災補助金の転用や鉄道整備基金の創設が手始めとして進められましたが、最大の山場は平成八年の見直しにより、整備新幹線を念願の公共事業として位置付けたことであります。

民営化により発生したＪＲグループの納める国税、地方税が三〇〇〇億円以上に達することに野沢さんは注目し、その一部を源資とした直轄事業として位置付け、国三分の二、地方三分の一とし、ＪＲは受益の範囲の貸付料という基本スキームの立法化構想をまとめられたのです。実に見事な戦略でした。

新幹線はこの方式により、整備計画に指定された全国一五〇〇キロメートルの各路線の収支採算がとれるようになり、民営化したＪＲにも貢献できるようになりました。

これまでに開業した北陸新幹線長野、東北新幹線八戸、九州新幹線八代の三線区は好調な実績を上げ、将来の延伸に明るい展望を開いています。昨今の経済危機に対する施策として、整備新幹線の建設は内需拡大、雇用の確保、環境の保全に効果があると認定され、補正予算等もしっかり配分されるようになった次第です。最も難しかった財源問題に一応の目途をつけられたのも野沢さんの大きな功績でした。さらに野沢さんの国会活動と党活動は、国鉄出身の立場を生かし、全国各地に後援会を立上げ活躍されてきました。

国政改革の結果誕生したＪＲグループは着実に成果を挙げ、これまで二十年余りを経て本州三社は世界有数の鉄道会社に成長しました。引き続き九州、四国、北海道の三島と貨物会社が民営化できるよう期待しています。野沢さんの取り組んでこられた新幹線の仕事はこれから必ずやお役に立つことと思います。

野沢さんはまた諸外国との友好議員連盟に多数参加され、議員外交に努められました。中国やモンゴルをはじめ、最も近い韓国とは私の主催する日韓議員連盟に所属し、日本と韓国を結ぶ海底トンネルの実現にも努力してこられました。首脳会談では既に再三取り上げられ話題になっておりますが、これを具体化し実現するため、専門家として一層の御活躍を期待するものであります。最後に手掛けられた一連の司法制度改革は、裁判員制度の実現をはじめ日本の司法制度の民営化に取り組まれ、安全、安心の国作り地域作りに尽力して頂いたことも特筆すべきことでした。

野沢さんは国会を退いてからもその実力を買われ、党の参与として引き続きお手伝いをお願いし、節目毎に提言を出してもらっています。

これからも永年の知見を生かし活躍されることを期待し、日本の交通体系を大きく変える新幹線の推進に力を尽くして頂くことを願っています。

元内閣総理大臣　**森　喜朗**

はじめに

国鉄の民営化が実現し、ＪＲグループとして再出発してから早くも二十四年が経過した。この間にＪＲの努力が世論の支持と、景気の動向に支えられ、改革の成果が着実に実現しつつあることは誠に喜ばしいことである。

既に本州三社は株式の上場を果たし、名実共に「民営」の姿となり、さらなる発展を目指している。

しかしながら北海道・四国・九州の三島会社と貨物会社は依然として、承継特例に依存し厳しい経営を続けている状況である。

本州三社の経営基盤の主力は、新幹線と都市交通であるが、特に新幹線は高速化と利便性向上により、道路や空路に対し、着々と競争力を強化してきた。

三島会社も九州や北海道は新幹線が開通すれば、空路に対し、相当な競争力をつけることになり、完全民営化の展望が開ける見通しである。また四国は軌間可変電車の実用化に希望を託して開発を進めている。

貨物会社は平行在来線の取り扱いを工夫し、主要幹線の輸送力を確保して近代化を図るチャンスである。

整備新幹線の建設は国鉄改革に先立ち、昭和五七年に一旦凍結されたが、改革の成功に伴い、昭和六三年に政府与党の見直し検討委員会の審議を経て再開された。

当初の整備計画から大幅に企画を圧縮した運輸省案を作り、再出発することができたが、その後随時見直しが行われた。

本書の第一章から第九章は討議資料「新幹線の軌跡と展望」として国鉄改革の国会審議を中心に新幹線の議論の展開を辿り、今後の展望に資する目的でまとめたものである。

本書が既に四〇年以上の年月を経て、多くの評価が出ている新幹線を、今後更に進めようとしている地域の方々や、期成同盟の皆様に多少なりとも参考になれば幸いである。

内容は衆参両院の議事録を中心に党内議論、講演の記録、レポートを参考にまとめているが精粗まちまちのところもあり、関係の方々にご迷惑をかけている点があれば、御寛恕願いたい。

二〇年にわたり、新幹線と共に歩んだ議員活動を通し、当初、霧の中を手探りで進めた状況に比べ、今日北陸、東北、九州の実績を得て、明るい展望をもって仕上げに取り掛かれることは幸甚である。

今後の日本を再生し地域を活性化させるために内需を掘り起こし、雇用拡大につながり、環境にやさしい鉄道を発展させることが効果的施策として再認識されるようになってきたことはありがたいことである。

新幹線や地域の鉄道を愛する多くの皆様の一層のご活躍を期待するところである。

最後の第十章は三期十八年に亘る国会活動の中から、記録に残したいことを取り上げている。

国会へ出馬した動機や比例代表制の紹介から国鉄改革の問題点や、各種委員会活動、党活動を要約している。

法務省時代の一年間は司法制度改革の仕上げの時期になり、裁判員制度の法整備をはじめ多くの改革に当てることができた。

ご指導、ご協力を頂いた皆様に心から感謝申し上げ序文といたします。

平成二十二年七月

野　沢　太　三

新幹線の軌跡と展望

［目次］

目　次

目　次

第七章　各線区の展望

第八章　新幹線の地震対策

第一章　国鉄改革と新幹線

ドクターイエロー 100系

国鉄改革特別委員会

昭和六一年七月に行われた衆参同日選挙で、与党・自由民主党が大勝するという結果を受け、日本国有鉄道改革に関する特別委員会、いわゆる「国鉄改革特別委員会」が、衆議院、参議院それぞれに設置された。

この委員会は、衆議院は細田吉蔵委員長、参議院は山内一郎委員長の下で構成されたのだが、衆議院の細田吉蔵委員長は国鉄運輸省の大先輩、しかも、鉄道問題に大変詳しい専門家ということもあり、適任適役の委員長を迎えて、国鉄改革特別委員会はスタートを切ることになる。

国鉄改革関係法案は全部で八法案となるが、地方税法に関わる法案については、地方行政委員会で別途議論をすることとなっていた。このため、改革八法案のうちの七法案が、この委員会で審議をすることとなったのである。

国鉄改革特別委員会は、衆議院が五〇人、参議院四〇人という構成で、かなり大型の委員会であった。参議院では、国鉄出身者として伊江朝雄先生と私の二名が自由民主党の委員として指名されたのだが、この時、私は当選したばかりの一年生議員としてただ一人、委員の命を受けたのであった。

この委員会では、野党側の質問者がたくさん名乗りを上げていたため、自民党側としては衆議院は小里貞利先生、参議院は伊江朝雄先生に唯一人の代表者として質問や意見を担当して頂き、あとはもっぱら聞き役に徹するというかたちとなった。

受けて立つ政府側からは、中曽根総理や橋本運輸大臣をはじめ関係の閣僚が全員出席し、特別委員会はまず、衆議院から始まる。衆議院の審議が終了した後、参議院でぎりぎりいっぱい議論をし、この改革八法案がいちおうこの委員会において、年内の成立を見ることとなった。

明治三九年の国有化以来、全国一本でやってきた国鉄は、地域別の六つの旅客鉄道会社（ＪＲ東日本・ＪＲ東海・ＪＲ西日本・ＪＲ北海道・ＪＲ四国・ＪＲ九州）と、一つの貨物鉄道会社（ＪＲ貨物）に分けて民営化され、そこからさらに通信その他、関係するＪＲグループを入れると、二五ほどのＪＲグループの会社が誕生することになったのである。

衆参同日選挙と国鉄の民営化

昭和六一年七月、衆議院、参議院が同時に改選をし、政府与党である自民党はこの選挙に圧勝し、衆議院も参議院も安定多数という一番強い状態を実現することができた。

この衆参同日選挙の時、中曽根総理総裁、そして自由民主党が掲げた公約は、「国鉄・電電・専売」、いわゆる三公社の民営化であった。

終戦後、日本国有鉄道公社という公共企業体として昭和二四年から始まった国鉄の経営状態は、当初、非常に具合が良いものであった。だが、そのうち、自動車や飛行機といった新たな交通機関が発達し、競争状態に置かれるなかで、地方ローカル線などが赤字となり、非常に厳しい経営状態となってしまう。

赤字が毎年一兆円近くも出るようになり、累積赤字は三七兆円にも達し、毎年運賃値上げをする度にお客さんがその都度離れていくという状況に至る。

加えて、当時は、労働組合の関係も非常に厳しいものがあった。国鉄労働組合、国鉄動力車労働組合、鉄道労働組合といった各組合が、それぞれ独自の運動を展開し、お客様主体、利用者本意というかたちにはなっていなかったのである。

こういう状況のなかで、「国鉄を民営化したらどうだ」という指針が、第二次臨時行政調査会の答申で出る。有名な土光敏夫さんがこの調査会の会長として、国鉄の分割民営という大方針が打ち出され、そして、国鉄再建監理委員会が設置されたのであった。

この国鉄再建監理委員会の委員長になったのが住友の亀井正夫氏で、「鉄道の未来を拓くために」というタイトルの下に、分割民営の詳しい内容が示されることとなる。

本州が旅客三社として分かれ、三つの島が独立し、貨物が全国一本で機能することで、結局、旅客六社、貨物一社という体制になった。また、鉄道電話を中心とした通信機能は一社独立で全社的に機能することで、国鉄は、「地域分割」と「機能分割」の両方の考え方を導入してスタートを切ることとなった。

この時の選挙の争点は、「国鉄民営、是か非か」ということであったが、これは、平成一七年九月一一日に行われた総選挙で、小泉総理が「郵政民営化、是か非か」と国民に問うたスローガンと非常によく似ている。しかし、国鉄民営の論議は、郵政民営化の選挙の時よりも、世論は高まっており、一部を除いて反対する人は少なかった。ただ分割についでは労働組合や革新陣営は、「国鉄は一本でないと困るのでは」と最後まで主張していたが、与党・政府側の主張は、圧倒的な国民的支持によって承認されたのである。

こういう背景があり、前述したように、国鉄改革特別委員会が衆参両院に設置され、国鉄民営化の審議に入ることができたのであった。

分割民営化の是非

分割民営化の是非についてては、国鉄が行き詰まってきているという状況から、どういう形態にしたら一番いいのかという様々な議論が噴出する。そして、大方の意見は、陸上交通機関としての国鉄は、やはり一番大事な鉄道業として、自動車や飛行機との競争に耐えうる交通機関でなければならないとし、また、国民の皆様から便利で安心、しかも安くて速く、頼りになる交通機関として選択してもらわなければいけないという方向になる。

既に昔のように鉄道の独占状態ではなくなり、特に、ローカル線にはなかなか乗ってもらえないご時世となっていた。鉄道ではなく車で出かけるようになり、貨物がトラックに奪われ、長距離輸送は飛行機へと乗り換えられてしまう状況であった。昔は、夜行寝台列車の評判が大変良かったが、それも最近ではなかなかそうもいかなくなっており、そういう厳しい競争が、国鉄の行き詰まりの原因となっていたのである。

収入が上がらないために、毎年運賃値上げをしなくてはならない状況であったが、その運賃値上げも全て国会で決める仕組みになっており、国鉄自身では決められなかった。国鉄の幹部は、毎年国会に行き、与党野党の根回しをしなくてはならないので、収入を上げることよりも国会の対策で根回しをして歩くことが仕事のようになってしまったというのが、最大の問題点であった。

また、総裁をはじめ役員の人事等についても、国会や政府が関与したため、なかなか国鉄が自分たちだけで決めるというわけにはいかなかった。民間会社のように能率や成果を上げるには、非常にやりにくい状態に置かれており、輸送機関として、それが限界に達していたのである。

しかも、労働組合が本来はスト権がないのにもかかわらずストライキをする。一番ひどかったのは、一週間も「スト権スト」と称して全国の汽車を止めてしまったことだ。

その時期に、貨物は一斉に国鉄から離れて、トラックのほうに移って行った。既に当時、国民の多くは車やその他の交通機関に依存するようになっていたため、大規模なストライキをしても、国民生活は〝そこそこ〟保たれたということもあり、ストライキを打った組合のほうがむしろ愕然とするという状況であった。このような労使関係の〝もつれ〟を解消するという面でも、大きな課題として民営化があったのである。

民営化に加え、「分割」というのが、もう一つの大きな議論であった。当時、鉄道は全国一本のダイヤで見るものと一般的に考えられていたが、実際は、鉄道として一番機能するのは、だいたい三〇〇キロから七〇〇キロぐらいまで、長い距離なら飛行機で、身近な場所なら車が便利ということになると、鉄道として特性や能力を発揮できるのは、それぐらいの距離であるということが、だんだん分かってきていた。そして、鉄道特性に特化していくとなれば、本州を三つぐらいに分けると、三〇〇キロから七〇〇キロの範囲で各線区の受け持ちが保てるのである。

例えば、東京から青森は約六〇〇キロ。東京から名古屋を経て大阪までが五〇〇キログらいある。さらに、大阪から下関ぐらいまで行くと、これもやはり五〇〇キロぐらい。そこで、分担する距離と鉄道特性とが一致するのは、本州を三つぐらいに分けるのが良いという構想になった。

分割がなぜ良いのかという点は、やはりそういった鉄道の輸送特性に合致しているということと、職員にも非常に身近になり、目の届く範囲になるということ。また、組織の判断、意思決定が早くなってくるということが大きなメリットであった。

国鉄時代には、管理局があり、支社があり、そこを通して本社に上申をするため、物事を決めるのに、下手をすると半年も一年もかかってしまっていた。そして、一度決まってしまうと、今度はその決定が「金科玉条」となってしまい、状況が悪化してもなかなか止められないということがかなりあったのである。ところが、分割し、民営化することによって、意思決定が早くなり、適宜適切に地域の実態に応じた輸送サービスが展開できるということから、分割と民営を一体的に行うようにしたのである。

整備新幹線はどうなるのか

国鉄の分割民営化に関しては、「では、新幹線やリニアはいったいどうなるか」という、もう一つの問題があった。将来にわたり、新幹線がどうしても欲しいという地域住民の非常に強い要望が出ていたのだが、国鉄改革と赤字処理の問題と、新幹線を将来にわたって作っていくという課題と混線したのでは、どうしても話がうまくまとまらない。

特に、整備新幹線というのは、これから地方に向かって作っていくものだから、東海道や山陽のようにお客さんがたくさんいて、必ず採算が取れるというものではない。既に、東北・上越は大赤字になっていて、それが分割民営の引き金を引いたというふうにも言われていたし、これから作る整備新幹線というのは、それよりもさらに輸送量が少ないローカルな新幹線になるのである。

こうしたこともあって、昭和五七年九月に閣議決定が行われ、国鉄改革の目処が付くまでは止めますと、整備新幹線はしばらく凍結されることになったのである。

ところが、各地区の知事や先生方は、どうしても新幹線が欲しいと主張し、また「整備法」という法律も既にできていたのである。この法律では全部で七〇〇〇キロぐらいやることになっていたため、「それはいったいいつから始めるのか」「どういう財源で始めるのか」と、そういうことが盛んに質問されたのであった。

こうした質問に対しては、「新幹線財源問題等検討委員会で議論して決めましょう」ということになった。この委員会は、政府・与党が入った委員会で、官房長官が座長を務めているのだが、その委員会で、国鉄改革特別委員会までに、局長レベルで六回、課長レベルでは一七回も議論を重ねていた。

財源問題等検討委員会では、財源のあり方、分割民営後の建設主体や運営主体のあり方、並行在来線の問題、地方の意見や関与のあり方など、こうしたすべての問題をここに預け、色々と議論することになっていたのである。

国鉄改革特別委員会では、衆議院・参議院共に公聴会が開かれたのだが、特に、参議院の公聴会で参考人として招かれた慶応大学の藤井弥太郎先生の、貴重で大事な考えが披露された。

藤井先生は、「国有鉄道を全国一本から、地域分割六社程度と貨物一社にするという分割民営の方向は適切」と、分割民営化に賛成の立場から貴重な意見を述べられている。

また、藤井先生は、現在の交通機関の競争状態と鉄道の特性分野を考慮すると、本州三社、残りは島ごとに分割するという委員会の方向は妥当であり、三〇〇キロないしは七〇〇キロくらいの範囲の地域の中で営業すれば、鉄道は自動車や飛行機よりも便利で安い最良の仕事ができると陳述したのである。

藤井先生は、地方交通線についても、特に北海道、四国、九州については、なかなか黒字が出せないので、「経営安定化基金」という一種の基金を設けてやり繰りをし、その穴を埋めていくというやり方が適切であろうと述べ、赤字をその都度埋めるということをしていたのでは、会社としての努力も工夫もやりようがないので、まとめて面倒見るというやり方がいいのではと提言されたのであった。また、藤井先生は、新幹線はやはりこれから必要であるという意見で、しかもそれは、上下分離の方向で検討したらどうかというものであった。

この段階で、こうした意見を頂戴したのだが、さらに藤井先生は、七〇〇〇キロのうち、必要な箇所、主なものだけは、少子高齢化時代が始まる前に、あまり時間を置かずに早めに作るのが良いということを述べられたのである。

こうした意見は大変参考になり、平成八年の見直しの時、再度、藤井先生を招き、意見を聞いた上で、新幹線の上下分離の方向を打ち出すことになったのである。

その一方、公聴会では別の大学の先生から、収支採算悪化の原因については借入金を入れ過ぎたことが一番大きく、また減価償却のあり方について、もう少し工夫をする余地があったのではという意見があり、長期債務の処理の仕方でも、それが累積し、雪だるまのようになっているところが一番問題であり、余剰員対策ということで赤字を労働者にしわ寄せするのは好ましくないという批判もあった。

さらに加えて、国鉄は輸送機関ではあるが、国鉄によって生活していた方々も、利用して生活されていた方々も含め、地域にとってはいわば公共サービスの一つの大きな基準になるような機関で、国鉄があるということは、一つの地域の開発文明度を左右する大きな力になっていて、一つの文化であり、これを分割することには賛成できない、全国一本で行かれるように工夫してほしいと、改革に反対の立場から意見を述べたのである。

希望の灯を消さない

しかしながら、整備新幹線に関し、中曽根総理は、いろいろ問題は抱えているけれども、やはり将来の鉄道のあり方として整備新幹線というものは非常に楽しみがあるという点から、「希望の灯は消さないようにしていくつもりだ」とはっきり言明されたのだ。

そこで、詳細については、整備新幹線財源問題等検討委員会でしっかり議論をすることになったのだが、「どういう財源を使ったらいいのか」「借金で赤字がかさんだのだから、借金に拠らないでどう推進するか」「借金をする場合、利子のつかないお金をどう工面できるのか」「公共事業の枠組みならしっかり計画できるのでは」などの課題が残されていた。また、分割し、あるいは民営化してしまったら、それを建設する主体や技術力というものが分散してしまうため、建設主体をどういうものにしたらいいかということの議論もあり、また、新幹線を作れるだけの技術集団をどこへどう配置するのかという点も、ここでの議論として残されていたのである。

加えて、新幹線ができると並行して走っている並行在来線が赤字になるという問題もあった。しかし、そこには、貨物列車も走っているし、ローカル線を通勤通学で使っているお客さんもいる。それをどう処理するかも大きな課題であった。新幹線を作ること自体はいいとしても、並行在来線をどうやって維持・運営するのか大きな問題であった。中央省庁のみならず、地方の自治体のご意見、あるいは利用者の皆様のご意見もよく聞いたうえで議論をしましょうということになったのだが、結論としては、「希望の灯は消さない」という方向で、この委員会は整備新幹線に対して取り組んで参りたい、そのように総理は、再三再四、答弁されたのであった。

国鉄の分割民営化が議論された当時、東海道新幹線は、経費の倍くらいの収入があり、大変な黒字であった。山陽新幹線は、ほぼトントンで、東北と上越は真っ赤な状況。こういう状態で、東・東海・西と分けてしまうと、東海に問題はないが、東と西はどうにもならない状況になってしまう。そこで、東海道・山陽・東北・上越の四つの新幹線を、新幹線保有機構という国の機関がまず保有し、収入と経費、資本費用の処理などを行うことにしたのである。

減価償却とか借入金の返済とか、そういった問題を全部調整したうえで、東と東海と西が、ある程度バランスを保って収支が賄えるような仕組みにしようとなったのである。

つまり、本州三社は保有機構から借りて使うということになり、保有機構は保有して収入を上げ、それを調整して貸し付ける、こういう形を取ったのだが、「そんなものはうまくルールを作れば作らなくてもいい」と、このシステムの是非が議論になり、また、「いつまでそれを置くんだ」という意見も出た。

この質問に対しては、おおよそ三〇年を目処にと答弁しているが、これは、当面の間、とにかく新幹線の持っている収益力と費用対効果の関係を三社にある程度平等に割り振るための一つの知恵としての答えであった。

ただ、ＪＲ東海などは、東海道新幹線が相当老朽化しており、絶えず維持・取り替え・更新をしていかなくてはならず、そのために、本当は減価償却をして取り替えるのが企業としては一番健全である。それをどうしてもやりたいということで、平成三年になってから買い取りを申し出たのである。結局、これを契機に、四新幹線を再評価し直すことにした。

東海道新幹線は三八〇〇億円で作っているが、それを当時としては五兆円ぐらいに再評価し、他の三線も再評価し、本州三社に分けたのである。

この時、鉄道整備基金という制度を作り、買い取った時の評価差益の部分を元利合計六〇年間にわたって徴収するとしたことで、年間七二四億円の特別財源が生み出され、これが今の整備新幹線の財源の大きな部分となっている。したがって、新幹線の公共事業のうち半分は、現在の四つの新幹線の買い取り再評価額、差益の値段に基づいている。これは結局、国鉄時代の財産でもあり、利用して下さったお客様の運賃の積み上げが、今日の新幹線の費用の一部になっていると言えるのである。

整備新幹線への道のり

分割民営化と整備新幹線の課題の一つに、分割民営化してしまうと、一社あたりの持ち分が、東は関東から北、東海は中部、西は関西が主体となってしまう問題がある。全国にわたって展開されている整備新幹線の建設を担当するには適さないのである。

昔は、国鉄自体に工事局という組織があり、その工事局が全国にいくつも点在していたため、北海道、盛岡、新潟、東京、岐阜、大阪、下関……、日本全国どこでも対応できたのだが、工事局が全てなくなってしまったので、適切な対応ができないのだ。

結局、それでは新しい建設主体を作る必要があるということとなり、この課題が、前述した財源問題検討委員会に残された。鉄道建設公団はなくすことになっていたのだが、こうした流れがあったため、結果的に、存続させることになったのである。鉄道建設公団には、旧国鉄の技術者の一部も受け入れて、公団が整備新幹線を建設していくことにしたらどうだろうかという提案がなされた。これは時の運輸大臣、橋本龍太郎先生に骨を折って頂いたお陰である。青函トンネルが出来上がった時に解体することになっていた鉄道建設公団を、そのまま整備新幹線の建設主体として残し、現在の鉄道建設・運輸施設整備支援機構（鉄道運輸機構）となったのである。国鉄改革特別委員会の段階では、将来の問題として先送りされていた課題であった。

もう一つ、さらに大事なことは、国鉄改革特別委員会では、整備新幹線に関し「希望の灯を消さない」という総理の大きなキャッチフレーズの下、具体的には財源問題検討委員会で議論するという形で先送りされてきたのだが、改革法が通ったことで、昭和六二年四月にＪＲグループに生まれ変わることができたため、これが再び整備新幹線への取り組みへと繋がる。

ＪＲ各社と再スタートした国鉄は、赤字を解消する、自力で稼いで仕事をするという意味では、大変成功した。好景気の波にも乗り輸送量は伸び、集客力も大幅にアップした。そして、収益が上がったため、国鉄時代のように毎年値上げをしていた運賃も値上げすることなく今日までくることができたのである。唯一の例外として、消費税が導入された時だけは運賃は上がったが、それ以外ＪＲは運賃を上げていないのである。

窓口業務の応対も良くなり、サービスも大幅に向上したという評判が聞かれるようになった。そして、いよいよ整備新幹線に再び取り組もうと、財源問題検討委員会の発展的な解消を図り、政府与党見直し検討委員会ができたのである。

政府与党の見直し検討委員会は、本格的に新幹線のあり方を基本から議論するもので、政府側は官房長官、大蔵大臣、自治大臣、運輸大臣といった閣僚四名が参画し、党のほうからは、政務調査会長を筆頭に、幹事長代理、政務調査会長代理、総務会長代理が、そして、新幹線の建設特別委員長や我々のような担当の委員、それから地方の代表として、青森・富山・鹿児島といった関係する県知事なども委員会に入って頂いて結成したのである。

この見直し検討委員会には中身が二つあり、一つは、東北・北陸・九州という三つの新幹線を線区別・区間別にどうやってどの順序で着手するのかという着工順位の検討委員会で、もう一つが、新幹線を作る財源をどう生み出すかという財源問題の検討委員会である。

二つ委員会を作って、私は着工順位の検討委員会に入れて頂いたのだが、一年生議員として唯一人ということもあり大変光栄であったが、二〇〜三〇分という限られた時間、しかも大勢のそうそうたる先生方が出席する委員会の連続であったので、事前に綿密な予習をし、短い発言の中で的確に主張するように努めた。

そのお陰で、検討委員会のほうも順調にことが運び、昭和六三年の八月には、順位決定の委員会が、とりあえず運輸省案をまとめることができた。七兆円あまりの新幹線を二兆円に縮めたり、それから、着工優先順位を決定する方針を打ち出すことができたのである。

また、この時に出てきたのが、ミニ新幹線とかスーパー特急を含めた運輸省案である。しかし、それでもなお二兆円もの建設費になり、財源問題はさらに半年ほど長引くこととなった。そして、昭和六四年一月に入り、ようやく国鉄五〇%、国三五%、地方一五%という方針が出て、最初の基本的な財源スキームが決まったのである。

第二章 運輸省案の特徴と問題点

つばさ ミニ 400系

見直し検討委員会の審議

国鉄改革が成功したという見極めがついた段階になり、将来の鉄道を伸ばしていくためには整備新幹線に着手すべきではないかという動きが出てくる。そこで、政府与党から構成する「見直し検討委員会」が昭和六三年の年初に設置され、整備新幹線の再開や凍結されていた新幹線の解除などの審議が開始されたのである。

各地方の意見を聞きながら、約半年間という時間をかけて行われたこの審議は、建設の費用はどのくらいかかるか、収支採算性がどの程度に見込まれるか、地方の経済にどのような影響を与えるか、それを建設する主体はどこが一番ふさわしいかなど、様々な議論が重ねられた。年初から始まった審議も夏になり、議論が大詰めとなったところで、運輸省が集約した形で案をまとめることとなったのが、いわゆる「運輸省案」である。この運輸省案は、当時の値段で整備計画全体が七兆円あったものを二兆円の内容にしたもので、規格を圧縮し、区間を限定して実施するというものであった。

運輸省案の内容

この運輸省が打ち出した案を簡潔に述べると、まず、東北新幹線は盛岡～沼宮内間をミニ新幹線にし、沼宮内から八戸まではフルの新幹線、そして、八戸から青森まではミニ新幹線にするというもので、ミニ新幹線とフル新幹線を組み合わせたのが運輸省案であった。

北陸新幹線については、まず、高崎から軽井沢までをフル新幹線とし、軽井沢から長野まではミニ新幹線で、とりあえず長野までで打ち切ることとなった。

また、北陸は北越北線を使い、在来線で越後湯沢から直江津まで短絡ルートを作ることを前提にした上で、この在来線を経由しながら新幹線の機能を取り入れた「スーパー方式」というものを打ち出した。このスーパー方式で作ろうとなった二区間が、糸魚川～魚津間と高岡～金沢間であった。

ミニ新幹線とは、在来線の線路にもう一本、広軌の線路を付け加えて三線化するという方式。一〇六七ミリという国鉄が普通に使用する在来線のゲージに、一四三五ミリという新幹線のゲージの線路をもう一本付け加えるというものである。したがって、路盤その他は、全て在来線の路盤を使うことができることになる。路盤、橋梁、トンネル、停車場といった構造物すべてをそのままにし、在来線の規格で行われるので、広軌線路を一本付け加えるだけの工事費で済む。一キロあたり五億円程度ででき、コストが安いというのがこのミニ新幹線の一番の眼目である。しかし、ミニ新幹線には利点が多いものの、踏切りが残るといった大きな問題もあった。

一方、スーパー方式は、路盤そのものは全く新幹線と同じ物を作り、原則として立体交差とする方式。曲線半径も四〇〇〇メートルなど、勾配もできるだけ緩く作ることで、新幹線と同じ路盤を作る。その上で、軌道のゲージや幅だけを在来線と同じ一〇六七ミリを敷くようにするため、在来線からその新幹線ルートに直接乗り入れができるようになる。また、列車は在来線の列車を使用し、速度は一六〇キロから二〇〇キロ程度までをいちおう想定するというのがスーパー方式の特徴である。そして、北陸はこのスーパー方式で、糸魚川~魚津間と高岡~金沢間の二区間だけを着工することが打ち出されたのである。

九州については、全線三〇〇キロほどある博多から西鹿児島間のうちの南半分、約一二〇キロの八代~西鹿児島間を尻尾のほうからスーパー方式で工事を始め、非常に曲線の多いことで知られる鹿児島本線の南半分の時間を短縮しようという案が打ち出されたのである。

この三線五区間だけをミニ新幹線とスーパー方式という方法で行うことにより、その区間の時間短縮効果も含めて、新幹線が「効果的に安い費用でその目的を達成できるのではないか」という印象を与えるのが、運輸省案の狙いであったのである。

泣く泣く呑んだ運輸省案

こうした運輸省案は、新幹線をすべてフル規格で作っていくという私どもがイメージしていた計画とはかなり異なり、予定していなかったミニ新幹線とかスーパー方式を盛り込んだ整備計画案であり、これには大変なショックを受けたものである。

まるで、「うな丼を注文して二〇年も待っていたら、なぜかあなご丼とどじょう汁が出てきた」そんな印象であった。うなぎに近いあなごのどんぶりということで、これはスーパー方式の比喩だが、ミニ新幹線のほうは全くイメージが違うので、こちらは差し詰めどじょう汁といったところになる。

無論、このような運輸省案を認めるわけにはいかないし、かなりの議論をしたのだが、この段階で会議をパンクさせてしまえば、また初めから議論のやり直しになり、さらに二年も三年も時間がかかってしまう。そこで、提案された中でフル新幹線の部分、高崎～軽井沢と沼宮内～八戸の二区間に関しては、手を付けてもいいだろうということで、着工に同意することにしたのである。

また、スーパー方式に関しては、軌道工事は路盤ができてから本格的な着工となるので、その時に見直しをしてフル新幹線に戻すというチャンスがある。そこで、それを前提にして、スーパー方式の部分も手を付けることにしたのである。したがって、北陸の二区間ならびに九州の南半分についても、着工することには同意したのだった。ただし、その時の見直しについては、政府も誠意をもって対応して下さいといった注文はしたのだが、とりあえず運輸省案を泣く泣く呑んだというのが実情であった。

もちろん、この運輸省案には多くの問題があり、早晩見直しをせざるを得ないということを、私どもは当初から覚悟の上で取り組んだのである。

運輸省案の問題点

こうした論議を行っていた当時、既に「新幹線整備法」ができていたのだが、その整備法の中に、新幹線鉄道とは「時速二〇〇キロ以上で走行できる鉄道」という規定がある。ミニ新幹線は一三〇キロでしか走れないので、当然、「新幹線とは違うではないか」という議論が出る。また、スーパー方式についても、一六〇キロないし二〇〇キロと言ってはいるが、実は、レールの間隔が一四三五ミリの標準軌間より狭い一〇六七ミリの「狭軌」

については、当時の技術力では一六〇キロ走行ですら実現していなかった。運輸省案にはまず、こういう問題点があったのである。

私自身が、湖西線という新しい在来線で再三実験を繰り返したのだが、一六〇キロに近くなると片方の車輪が浮き上がってしまう〝輪重抜け〟と称する現象がしばしば発生するということが判っていた。当時、湖西線では一六〇キロ運転は無理だということで、一三〇キロ程度で留めたという経緯もあったのである。

平成一七年四月に尼崎で脱線事故が起きてしまったが、あのケースは、半径三〇〇メートル、速度制限七〇キロのところへ、一一六キロという猛スピードで列車が突っ込んで行ったため、〝輪重抜け〟が起きてしまったのだ。そして、片方の車輪が浮いてしまっただけでなく、そのまま脱線してマンションに飛び込んでしまったのが、あの尼崎の脱線事故であった。

将来は可能となるかもしれないが、在来線では一六〇キロというスピード、いわんや二〇〇キロというスピードは、運輸省案を決めた昭和六三年の段階ではまだ技術的には実現できていなかったのである。

運輸省案は、まず、法律的に問題があり、スピードの面でも、ミニ新幹線で一三〇キロ、スーパー方式でも一六〇キロ程度の車速が限界という制限があった。こうした点を私も指摘し、速くて安全で確実だという新幹線の特徴、新幹線としての時間短縮効果という速さが犠牲にされてしまうと主張したのであった。

例えば東北の場合、盛岡から青森に行くとすると、盛岡を出て沼宮内までの約三〇キロを時速一三〇キロのミニ新幹線で行き、そこから沼宮内から八戸までは時速二六〇キロのフル新幹線で走った後に、さらに八戸から青森までミニ新幹線でまたゆっくり行ったのでは、青森まで行くのに五時間近くかかってしまう。新幹線をさらに北海道へ延ばしていこうと計画している時に、こんな状況では飛行機に勝てないし、北海道新幹線は絶対にあり得ないということが結果的に予測できてしまう。

このようにミニ新幹線にはスピードの面で非常に問題があり、とても了承できるものではなかった。

ミニ新幹線をどう利用するか

このようにスピードの面で非常に問題があるミニ新幹線ではあったが、地域によっては効果的なケースもあった。

当時、福島から山形までの間をミニ新幹線でやることになっており、既に実現しつつあった。東京始発で考えて山形までミニ新幹線で行く場合、福島までが一時間余で、そこから在来線でも二時間半あれば山形まで行ける。山形空港はさらに奥にあるため、飛行機を使うよりも速く、ミニ新幹線は効果的ということで実現したのである。

この山形のケースのように、〝枝〟の部分に効果的にミニ新幹線を使うことは構わないのだが、大事な〝幹〟の部分、幹線にミニ新幹線を使うことは絶対に駄目だと、この段階から指摘した上で同意し、運輸省案を了承したのである。

その後、ミニ新幹線には効果的に利用できる良い点もあるということになり、山形から新庄まで、さらに延ばしたのである。また、盛岡から横に枝分れしていく秋田にも、ミニ新幹線が採用されることとなった。

今では秋田「こまち」という名前の愛称になっているが、「こまち」は「はやて」と一緒に走って盛岡で分かれ、半分は秋田、半分は八戸へ行く。山形へ行く時には、福島までは一緒に「はやて」と走り、ミニ新幹線は「つばさ」という列車がこの在来線に入っている。「はやて」はそのまま仙台や盛岡、八戸まで行くのだが、このように、山形とか秋田ならば、ミニ新幹線は効果的に利用できるのだ。

要するに、到達時間がトータルとして三時間前後、せめて四時間以内であれば、飛行場の待ち時間やアクセスを含めたトータルの時間にほぼ匹敵し、競争力がある。こういう線区がミニ新幹線の効果的な区間となる。それを幹線でやろうとしているところに、運輸省案の無理があったのである。

当時の石原慎太郎運輸大臣は、幹線までミニ新幹線を使うという運輸省案を「ドジョウ汁」と称しながら、「結構たんぱく質があるよ」などと冗談を言っていたが、結局、全て見直され、運輸省の幹線にミニ新幹線を使うという案はなくなったのである。

一方のスーパー方式も、一六〇キロまで走れるとはいえ、それでもやはり時間が相当かかる。北陸で考えた場合、富山とか小松から飛んでいる飛行機から鉄道に乗客を奪えるかというと、そう簡単にはいかない。そこで、政府与党の「見直し検討委員会」で、スーパー方式もフル規格に見直すことになったのである。

地方の意見

運輸省の案には、法的問題、スピードの制限に加え、三つ目の問題として、特殊分岐器の構造が難しいという〝軌道構造の問題〟があった。二本でも線路が分岐しているところは、相当細かな部品を組み合わせて、線路が右左分かれるようにする「分岐器」というものがある。それにもう一本レールがあると三線分岐器となり、非常に構造が複雑になる。

もちろん、三線分岐器も作っていて実績もあるが、これから作るところは、東北、北海道、北陸と雪国が多い。「雪国では三線分岐できない」と断言して、「それでは止めよう」と言われても困るので、「保守管理上、安心できない」と指摘するに留め、「何とか工夫しよう」ということになった。当時は伏せていたのだが、実際は、こうした軌道構造の複雑さがあり、安全上も保守管理上も非常に問題があったのである。

もう一点、地方がとにかく納得しないという問題もあった。「東海、山陽、東北、上越といった新幹線だけが時速二〇〇キロ、三〇〇キロで走行し、なぜこちらは一三〇キロ、一六〇キロなんだ」といった不満の声があった。

日本中を一つの同じレベルの社会資本で整備し、地域格差を是正する。東京や大阪といった主要都市に対して、高速道路・新幹線・飛行場という三つの機関を適切に組み合わせた形で連絡し、日本中どこでも格差がなく、住み心地は変わらないようにする。こうした理念を実現するのに、最も有力な手段であるはずの新幹線に初めから差をつけてしまうということに納得できない地方の意見が相当強かった。こうした地方の声が、四つ目の問題点であり、また、運輸省案を見直す原動力にもなっていたのである。

途中での変更は困難

五つ目は、一度ミニ新幹線なりスーパー方式なりで開業してしまうと、それを将来フル規格に変更しようとしても容易にはできないという点。営業をしながら工事をするということは安全対策上も非常に難しく、規格を変更しようとすると一年とか二年とか休業しないと工事ができない。また、そんな事態になっては大混乱が起きてしまう。

こうした理由で結局、このミニ新幹線ならびにスーパー方式は、いずれ見直すという前提で、できるところから〝一部〟手をつけることにしたのである。一番先に着工したのが高崎～軽井沢間であったが、これは、将来、長野に冬季オリンピックを持ってこようという見通しがあり、至急着工する必要があったからである。当面の輸送量も一番多く、収支採算性も良いので、長野から始めることとなったのだが、その起工式の時長野の塚田佐市長が、「めでたさも　中ぐらいなり　おらが春」という一茶の句を引用し、なんとかフル規格に直してくださいという皮肉を込めた陳情があった。

そんな折、「鍬入れ式」になったのが平成元年で、いよいよソルトレークなどの世界の各都市と競争し、長野にオリンピックを誘致するために、イギリスのバーミンガムに決選投票に行くことになったのが平成三年。だが、オリンピック誘致には、やはりミニ新幹線では時間的にも量的にもとてもお客を運びきれないし、イメージ的にも良くない。東京から一時間半で行け、長野のホテルが足りないなら東京のホテルに泊まっても通え、プレスも応援団も大丈夫だと説得力を持たせるには、どうしてもフル規格の新幹線でなくては、バーミンガムに行っても勝てない。そんな相談をして、長野をまずミニからフルに直すように働きかけたのであった。その結果平成二年一二月の政府与党申し合せで長野までのフル規格が決定した。

新幹線の誘致合戦

信越線の軽井沢の先に小諸という所があり、ミニ新幹線ならば在来線にくっつけるので小諸を通るのだが、フル新幹線だと別線で通らなくなる。小諸の人たちは「ミニ新幹線になるんだ」とすごく喜んで、町中挙げてミニ新幹線の誘致運動をしたのだが、一方、佐久市が南にあり、佐久の皆さんは、ミニ新幹線になってしまったのでは佐久に来なくなってしまうと悲しがる。こういう状況下で、小諸と佐久の誘致合戦が始まってしまった。

小諸の皆さんに、それは〝見せかけの案〟そのショーウィンドウにはミニ新幹線というメニューが並んでいるけど、実際は食べられない。だから運動しても駄目ですよと言ったのだが、町中挙げて運動をした。新聞に大きな全面広告を打ち出し、「ミニ新幹線歓迎」と表明もした。多額の広告費を使ったのだろうが、結局、オリンピック招致のためにもフル新幹線にしようとなり、ミニ新幹線は夢と消えたのである。

それで、現在、軽井沢の次は佐久平で、軽井沢、佐久平、上田、長野、飯山という並びになったのだが、これにも随分と色んな苦労があった。

フル新幹線にすることは決まったが、できるだけ小諸の皆さんにも利用しやすいようにと、佐久市の限界ぎりぎりの所まで北のほうへ寄せることにしたのである。ちょうどその辺りは農業振興の地域指定があったため、全くただの田んぼで、そこに新幹線を通したものだから、結果的に都市計画が非常にうまくいった。ただ、駅名を付ける際は、もう一苦労あった。

これまで「那須塩原」とか「三条燕」とか、両方の名前を取って付けるという例が多くあったこともあり、小諸の皆さんが「小諸も近いのだから、『小諸佐久』もしくは『佐久小諸』というような名前にしてくれないか」と嘆願するのだが、佐久の人たちにとっては、あくまで佐久市にあるのだからおもしろくない。考えたあげく、「平」と付ければ、その辺一帯であるとなるので、「佐久平」という名を付けようと提案があり、結局、県知事が乗り出し、両方の町の顔を立てて「佐久平」という名前を付けたという経緯があったのである。

軽井沢へのルート変更

また、当初のルート案は、高崎を出て群馬県の松井田という町を通り、長野県の佐久にある中込という地区を経て、それから上田に入るというものであった。

ところが、ちょうど私が長野の鉄道管理局長をしている頃、時の総裁である大蔵省出身の高木文雄さんが、「君、年に八〇〇万人ものお客様が来る軽井沢を通らない新幹線というのは、いかがなものだね。なんとかならんかね」と、こういう話が出て、軽井沢に新幹線を通す方向になるのである。

営業の関係者は、「これはもう、是非そういう風にできるなら、そうしてほしい」と早速この話に飛びついたのだが、建設施設を担当している土木グループとか、電気を供給したり信号を扱ったりする電気のグループ、あるいは、車の所管をしている工作グループなどは、軽井沢に新幹線を通すことについて、どのような影響があるかなどを改めて議論したのである。私自身は建設施設の技術者であったが、色々と勉強してみると、どうも難しいことが判ってきたのである。

当初の新幹線は、勾配が大体一二ミリとか一五ミリぐらいで、一〇〇〇メートル行って一五メートル上がるような勾配の計画を立てていた。だが、その勾配で軽井沢に寄るとなると、ぐるぐる回りの「たこ坊主」にするとか、ループトンネルを掘って上がって行かなければ難しく、軽井沢まで登り切らない。横川から今の線路まで古い線路は六六・七ミリという一五分の一の急勾配で上がっていたわけだが、それを一五ミリぐらいの緩い勾配で行くと、ぐるぐる何周も回らなければならなくなるのだが、それでは新幹線の価値がなくなってしまう。そこで、一〇〇〇メートル行って三〇メートル上がるという三〇ミリの案なら軽井沢に寄れるのだが、今度は、その三〇ミリを登り降りできる車が作れるかどうかという点が問題となった。

電気屋さんは「どちらでもやれます」ということだったが、工作屋さんは「そんな新幹線は作るのは無理」と主張する。東海道も山陽、東北、上越もみんな一五ミリ以下でやっているのだから、そうでないとブレーキがもたない、従来のブレーキでこの下り勾配でブレーキをかけると、その熱でブレーキの抵抗器が真っ赤になって焼けただれるくらい大きな力がいるというのだ。新幹線のブレーキには抵抗器があり、出てくる電力を抵抗器で吸収する仕組みとなっているが、それが焼けただれて落ちてしまうぐらい大変であるという。

結局、「できません」という返事が総裁のところに行ったのだが、これに対して総裁は、

「そうか、それは仕方がない。残念だな。だが、フランスのＴＧＶという車は五〇ミリを上がったり下ったりできるそうじゃないか。貿易摩擦の解消のためにも非常に役に立つだろうから、そのＴＧＶを買ってこい」と言い出したのである。これにはさすがに工作屋さんも慌て、「これは日本の恥だ」「急勾配を上り下りできる電車を作ろう」となり、開発したのが、今走っている「あさま」である。

駅選定の難しさ

この「あさま」については、上りは全部モーターを付ければどんどん登れるからいいが、下りではブレーキの加熱が問題となるので一六〇キロで制限しようと、速度制限を設けることになったのである。実際は、その後の技術の進歩もあり、現在は二一〇キロまでスピードを上げて下れることになったが、そういう技術的な条件などもあり、今も長野に行く新幹線は、上りと下りで一分時間が違うのである。常識とは逆となるが、東京から行く下り列車が軽井沢の坂を上るのだが、これは二六〇キロで走れるが、上りの長野から東京へ来る列車は、軽井沢から高崎にかけて二一〇キロに速度制限しているのである。

このような経緯で、軽井沢に駅ができることになり、現在の軽井沢は、一時間そこそこで東京から来られるようにもなり、非常に便利になった。近年は、夏場は軽井沢に暮らし、東京に通うという人も既に出てきている。

だが、ここで問題になったのは、山の中を迂回するルートになってしまったため、松井田という町に寄れなくなった点。群馬県には駅が一つもできないということになり、そのかわり長野県に駅が一つ増えたのだが、群馬県の人が非常に怒ったのである。「群馬県は、福田さん、中曽根さん、そして小渕さんと、三人も総理大臣を輩出していながら、何をしているんだ！」ということで、県民からずいぶん突き上げをくらったのである。

色々と困った挙げ句、山の中でも一つ駅を作るかということでできたのが、現在の「安中榛名」という駅である。周りに民家も何もない、山と森しかない所に駅を作ったのだ。現在、周辺は整備・開発され、新しい団地もでき、立派な町づくりも始まっているが、作った当初は、本当に山の中にあったのである。

大野伴睦さんが岐阜羽島に田んぼの中に駅を作って随分と批判されたこともあったが、あそこも今は立派な町になっている。最初は田んぼの中でも、それと同じことだから「まあやってみようや」ということになったのである。

二〇年かかった「うな丼」

結局、長野オリンピックのお陰で長野までは行けたが、そこから先はまだ全く雲の中であった。北陸は北陸でほくほく線回りのスーパー特急でいくことになっていたから、長野から直江津のほうへ抜けるには、飯山トンネルという二二キロもある大トンネルを掘らなくてはならない。これはお金もかかるし、馬鹿馬鹿しいというのが、節約論者の言い分であった。

スーパー方式はそういう事情でそのままになっていたのだが、長野から先へ延ばすという話が徐々に決まっていく流れの中で、長野までフル新幹線で来ているのだから、当然その先もフルでいいのではないかという方向となる。まずは上越までで、二回目の見直しが富山までとなり、そして今回、二〇〇五年の暮れに金沢までフルで延ばしていくとなって、結局、スーパー方式は消えたのであった。「あなご丼は餌をしっかりくれたら、うな丼になってくれた」のである。

だが、九州は少しまた違った事情があった。九州新幹線の八代〜西鹿児島間は、それまでスーパー方式で作っていたのだが、ちょうど四―五年前にフリーゲージトレイン（FGT）というのが出てきたために状況が変わったのである。

このＦＧＴというのは、軌間可変電車とも言うのだが、要するに在来線の一〇六七ミリの線路と新幹線とを自由に出入りできる車で、ゲージ変換点という二〇メートル程の装置を通り抜けることによって、その車輪が広がったり狭まったりする仕組みとなっているのである。

南の半分をフル規格でやっても、このＦＧＴを導入すれば十分いけるという含みがあったため、ＦＧＴを入れる前提で工事を進めたのだ。だが、実際はまだ開発中なので間に合わない。そこで、八代の駅で新幹線と在来線を同一ホームの乗り換えで結ぶという方策を考えたのである。

同一ホームの乗り換えというのは、新幹線が着くと、それを受けて運ぶ在来線の特急が待っているやり方で、時刻表上では三分で乗り換えることになっているが、同じホームなので一分半もあれば乗り換えられる。買った席は次の列車にも確実に用意されていて、一枚の切符で二つの列車を乗り継げるようにしたので、荷物を持って走らなくて済むのだ。

それまで鹿児島から博多まで四時間かかっていたのが、二時間ちょっとで行けるようになったため、飛行機や高速道路のお客がどっと来て利用者は、昔の二倍半となった。そういうことで、鹿児島も結局フル規格になったのである。

どじょうとあなごをうなぎに育てるために二〇年近くかかったが、整備新幹線一五〇〇キロは、当初の運輸省案を卒業し、ようやく全てフル規格で作れる方向になったのである。

第三章 財源について

のぞみ N700系（東海道・三陽新幹線）

見直し検討委員会の結論

運輸省案の見直しは、こうした経過を辿ってきたのだが、この仕事を色々と進める中で、その都度問題となったのが「財源をどうするのか」という点であった。

政府与党の見直し検討委員会には、二つのプロジェクトチームがあり、一つは私が属していた着工順位のプロジェクトチームで、もう一つが財源問題のプロジェクトチームである。

見直し検討委員会は、着工順位プロジェクトチームのほうが先行し、地区ごとに一生懸命やったお陰で最終的な着工順位は、一番が高崎～長野、二番が東北の沼宮内～八戸、三番が鹿児島の八代～西鹿児島、そして四番と五番が、糸魚川～魚津と高岡～金沢、こういう順位が決まったのである。だが、この順位を決める時の一番の決め手は、経済的内部収益率であった。

つまり、収支採算性の一番良い所から手を付けていこうという至極常識的なことなのだが、やはり、国鉄改革で一番問題になっていた財政投融資の扱いが課題であった。東北上越の新幹線でも、その財政投融資の借金でやっており、資本費用、要するに本体のお金を借金でやっていたのでは、とても返しきれない。本体の部分は公共のお金で行い、運営の費用だけ出すなら十分儲かるということは判っていたが、大蔵省はなかなか首を縦に振らなかった。

最終的に平成元年の見直し検討委員会の結論は、順位の査定で一番が高崎〜軽井沢、二番が東北、三番が九州、四番五番が北陸と決まったにもかかわらず、財源は、「やはり鉄道を作るんだから、JRが基本的に持つべきだ」となってしまう。そして出てきたのが、JR五〇％、国が三五％、地方一五％という負担率であった。

地方の負担については、停車場の部分と線路の部分では、差をつけても良いことになったのだが、これは、停車場は地方にすぐ役に立つが、線路の部分は固定資産税ぐらいしかもらえず、そんなに響かないという考えからであった。そこで、停車場が四割とか、線路が一割とか、そういう考えもあったのだが、平均するとJR五〇％、国が三五％、地方一五％の査定となり、基本的にJRが半分出すこととなる。

ところが、JR五〇％ということになると、借入金でまた借りることになり、その元利を合計した金額を返済しなければならなくなる。そうすると、相当の輸送量がないと経営が成り立たない。

これでは一番頼もしい高崎〜軽井沢ですらトントンがやっとという状況で、他の線区は軒並み赤字になる。「第二の国鉄」になりかねないという心配すら出てきたのである。

それまで新幹線がどうなるか、固唾を呑んで見守っていたJRグループであったが、高崎～軽井沢や長野まではいいとしても、他はどうも駄目だという雰囲気となり、「新幹線をやってもらっては困る」という意見すら出てくる始末であった。

そこで私どもは色々と議論をした結果、「新幹線は基本的には公共事業でやるべきである」と、党のレベルで議論を始めたのである。自民党としては既に公共事業方式を打ち出していたが、この時は政府与党としてもう一度、仕切り直す必要があったのだ。

公共事業方式の具体的な提言

公共事業方式に関しては、国鉄改革や新幹線の建設に大変な力を尽くされ、大蔵大臣や運輸大臣を歴任された我々のリーダー、三塚先生の試案があった。三塚先生の試案は道路や港湾、あるいは飛行場などを含め、数多くある公共事業の中から五％とか一〇％ぐらいずつ出してもらい、その費用で新幹線を作るというものであった。だが、この三塚先生の試案は、他の分野から一斉に反発を食ってしまう。そして、「それでは、どうやって自前の財源を作ることができるのか」という大きな課題が残ってしまったのである。

そこで、目をつけたのが、国鉄時代にあった「防災補助金」である。国鉄の線路を守るため、落石が落ちても困るし、雪崩が来ないようにしなければならないなど、「これは公共の仕事である」という名目で補助金が出ていた。海岸が波に削られても線路が危なくなるし、ブロックを入れて防ぐ仕事も「国土保全」という立場からすれば公共事業であるということで補助金があった。あるいは、川幅を二倍三倍に広げようという時にも、この補助金が半分出ていたのである。

この河川改修という川幅を広げる公共事業は、国鉄時代は半々だったのが、民営鉄道ルールになると九割を国が面倒を見てくれるというルールが別にあったのである。この〝民鉄ルール〟に乗り換えると、半分出してくれたお金が年間約五〇億円余ってくるので、それを入れようということになり、この防災補助金の振り替えが、公共事業方式の第一歩となった。

もう一つの財源確保として出たアイデアが、「新幹線保有機構」の設置である。

東海、山陽、東北、上越と四つの新幹線があり、本州が東と東海と西に分割されている状況で一番儲かるのは、東海道新幹線となる。山陽がトントンぐらい、東北と上越は、資本費用を抜きにすればなんとかなるにしろ、収益力は東海、山陽、東北、上越とこの順序。その収益調整をするために新幹線保有機構を作り、それを一括管理して収益調整と費用調整をやったわけである。貸し付けをし、その貸し付け料で収益を調整して本州三社のバランスを取ったのだ。

当初はこういう方式でスタートしたのだが、三年程してから「新幹線が借り物では、減価償却を立てられない」「設備投資の原資が出てこない」「これでは不便だから、苦しいけど買い取りましょう」といった意見が（主にこれはＪＲ東海からだが）、出てきたのである。そして、四つの新幹線は再評価をして買い取って、それが今のＪＲの姿になっているのである。

これを「再々評価」と言っているのだが、あの時点で評価し直したら八兆円が九・一兆円にと、一・一兆円も評価が上がったのである。そして、その一・一兆円を六〇年間に六・五五％の利子で毎年入れてもらうということで、年間七二四億円の特別財源が捻出できたのである。

この特別財源が大きな追い風になり、鉄道整備基金という基金を作り、それを新しい新幹線の建設に振り向けることになった。国のほうでそういう手当てをしてくれているが、実際のところは、現在の東海、山陽、東北、上越の四つの新幹線の利用者の方々が、結局それだけの収益力を既存新幹線に付けていてくれたお陰と言える。お客様の運賃による収益、政府の税制と補助金という枠組み、これらをうまく絡み合わせて新幹線を作っていることになるため、やはり、結局は国民の皆様の自腹の活用、新幹線に対するご愛顧の程度がこういった形で現れていることになる。

地方の負担

平成八年度に私どもが打ち出した一番大事な方針は、まず、新幹線事業を公共事業方式にすることと、建設の段階ではＪＲに負担をかけさせないという点である。

公共事業方式というのは、道路や港湾や飛行場などの直轄事業のような大きな仕事の場合、国が三分の二で地方が三分の一負担というのが一般的ルールとなっている。そこで、この一般ルールに準じて、国三分の二、地方三分の一とし、ＪＲは受益の範囲の使用料を頂くだけにするというのが今の枠組み、基本スキームである。

この方式になると、ＪＲは建設中に工事費を出さなくて済み、新幹線ができてから、三〇年前後を目処に払ってもらうこととする。その後、将来どうするかということをまだ決めておらず、その段階でまた考えなくてはいけない問題だが、いずれにしてもこの公共事業方式は成り立つのである。

では、政府財源の三分の二はどこから出すかといえば、民営化したお陰でＪＲグループが国税を納めることになり、地方の財源も同様に、ＪＲが納める地方税となる。国税も地方税もＪＲは一五〇〇億―一六〇〇億円ずつぐらい払っているので、その一部をバックすれば可能な話である。

特に、地方の負担については、従来、市町村納付金という形で三〇〇億円程度を名目的に納めていたのが、一五〇〇億―一六〇〇億円入るようになったのである。黙っていても、それだけ地方は儲かる。だから、地方はそれを懐に入れないで一部を供出すれば、また新幹線が欲しい地区の市町村に回すことができるし、そのことによって地方が潤うのである。

これは地方振興のために、進んだ新幹線を既に持っている所の市町村が持っていない所を助けるという意味もあり、最終的には出しましょうとなったのだが、最初は、そんなお金は出せないと突っぱねていたし、民営化したお陰で三倍から四倍に増えた地方税収を、自治省はすべてポケットに入れていたのである。この時、全部出せとは言わないが、一部は出すようにといった「ネコババ論争」というのをやったのである。結局、現在は一五〇〇億円の地方税を納めて、七〇〇億円を出してもらっている。ただし、「これは法律に書いてください」という要望もあったため、この点は、法律で明確に書くことにしたのである。

その前段の話となるが、交通部会長をやっていた若林正俊先生（参議院議員、元農水大臣）の部会長代理を務めていた私は、その立案をすることになったのである。「公共事業方式」「国三分の二、地方三分の一の負担」「資本費用はJRにかけず上下分離」などとし、利益の範囲の使用料だけもらえば結構という基本スキームを「若林私案」という形でまとめて、それを最終的に年末の政府与党の委員会で、平成八年にまとめて承認してもらったのであった。

これで一気にJR側の負担が軽くなり、札幌から長崎、鹿児島にいたる一五〇〇キロ全線の収支採算性が取れるようになり、大きく前進できたのであった。

並行在来線と地方負担の問題

JR本州三社が民営化し、国税も地方税もしっかり納めてくれるようになったため、地方は、税収だけでも相当な余裕ができた。そこで、地方にもっと新幹線のお金を出してもらってもいいと我々は考えたのである。地方の負担を当初の一五%から補助金適正化法で認められた三分の一とし、その九割を起債で認め、その九割の二分の一を交付税で国が出すことにした。結果として当初一五%だった地方の負担は一八・三%に増えただけとなる。

ただ、そこにはもう一つ、並行在来線を分離するという問題があった。

並行在来線は、新幹線ができると主なお客さんがそちらへ移ってしまうため、赤字になる可能性がある。第三セクターで地方に引き受けてもらうにしても、地方の運営が大変となる。

ただ、東北とか北陸とかという幹線は貨物列車が相当走っており、相応の費用をもらえればやっていけるということもあり、調整金ということでお金をＪＲの貸付料から回し、貨物会社から第三セクターに支払うというルールも作ったのである。それで、東北の岩手銀河鉄道、青い森鉄道、長野のしなの鉄道、肥薩おれんじ鉄道など貨物列車から必要なコストは大方もらえるようになっている。

貨物は民営化する時に、「アボイダブルコスト」、要するに回避可能経費ということで、従来、貨物がなければ払わなくて良いとしていたものを、並行在来線に関しては、フルコスト、全部頭からもらうというルールに変えたのである。そして、第三セクターに払う使用料は二倍ぐらいに増えている。新幹線の貸付料の一部を国のほうから分けることとなっている。非常に複雑だが、要は新幹線の利用者が在来線の維持管理も含めて応援している、そういう新幹線のインセンティブを合理的に各関係の機関がうまく配分をするということである。

新幹線の収支採算性、ならびに並行在来線の収支採算性は、大筋で取れることとなったが、線区や場所などでどこまで上手く機能するかは、当事者の皆さんの取り組みと、それぞれの地域の工夫による部分が残る。この並行在来線を上手に経営してもらわないと、沿線の住民にとって新幹線はいいが、毎日利用する並行在来線が赤字では困るという事態にもなりかねない。この問題で佐賀県では鹿島の市長さん等が反対をして、長崎新幹線は着工できなかったが、ＪＲと県の協力で合意にこぎつけることができた。

長野県のしなの鉄道は、在来型の第三セクターでいったために、一〇〇億円以上の資産をＪＲから引き継いだものの、減価償却とか維持管理費で赤字になり累積債務だけでも三〇億円に達した。色々と研究した結果、最近実行されている「減損会計」という方式を使い、資本費用を一気に圧縮して、いちおう収支採算性が取れるようになった。

それから、岩手県が経営しているＩＧＲ銀河鉄道も在来型の第三セクターだが、これは運賃値上げや貨物の調整金などで、非常に厳しいけれどもなんとか維持している状態である。

一番徹底しているのは青い森鉄道で、青森県の経営している区間は完全上下分離で、在来線の維持管理運営は、資産の維持管理は県が責任を持ち、列車の運行だけを青い森鉄道が担うこととなっている。これは八戸臨海鉄道が主に内容を応援しているのだが、そこが運営だけやるという形となっている。

今後、並行在来線の運営が上手くいくかいかないかは、並行在来線の各社と国と地方、それから、ＪＲを含めた全体で健全な運行ができるような仕組みについてまた見直しを重ね、知恵を出し合っていく課題ではないだろうか。

要するに、新旧併せて皆で上手くいくという形をなんとしても作っていきたいと私どもは考えているのである。

並行在来線の運営のあり方は、色々と工夫すれば合理的な解決はできる。要は、利用して頂ける乗り物として便利で、確実で、安心安全だという実績を並行在来線の運営会社にはしっかりと築いて頂き、利用者の方々の応援や理解を頂かなければいけないだろう。貨物列車の走る線区では貨物のネットワークとしての機能を維持する必要があり、この点も併せて検討する必要がある。

分割民営化の方法論

国鉄の分割民営を行う分割方法では、第一種から第三種までの事業種の分類を決めることとなったが、まず、旅客会社を六つの地域に分割し、各地域の会社がそれぞれのインフラを保有して維持管理を行い、運営をするのが第一種事業となったのである。

そして、その旅客会社から線路を借り、全国一本で貨物事業を運営するのが第二種事業となった。貨物事業は貨物列車だけを動かすためインフラは所有せず、使用料を払って運営をするということで、第二種事業というかたちでスタートを切ったのだが、あまり使用料が高いと厳しい競争にさらされている貨物事業はやっていけなくなってしまう。そこで、「アボイダブルコスト＝回避可能経費」という比較的割安になるかたちで借料を払うというインセンティブを貨物会社には与え、運営が可能になるようにしたのである。この「回避可能経費」というのは、もし貨物列車がなければ必要のない経費となるが、貨物があるためにどうしても持ち出さなければならない最小限の経費というかたちとなっている。これが、国鉄改革において貨物を全国共通の会社として運営をするための一つの必要条件となったのである。

もう一つ、「作り、保有し、貸し付ける」といった事業を行うのが第三種事業となったのだが、この第三種事業には、大規模修繕や大規模改良ということが起こった場合、それについての責任を持つことも併せて含まれていた。これは「鉄道建設公団」現在の鉄道運輸機構が引き受けるということで成立することになった。

このような第一種事業、第二種事業、第三種事業の組み合わせによって、JR全体のグループの運営が可能になるということになったのだが、分割の方法論については、当時、さまざまな議論があった。国鉄の分割民営がどうしても必要であるということは当初から幅広く理解されていたが、具体的な分割の方法については、まず、「地域分割をいくつに分けるか」ということが非常に議論になり、「東西二つがいいのでは」「三つがやはり適当ではないか」「もう少し細かく特徴のあるブロックごとに分けるのが良いのでは」など、さまざまな検討がなされる。結局、一番大事な「地域で分ける」ということと併せて、「乗客や列車の流れで線区別に整理をする」ということも非常に重要であるということが分かり、現在のかたちに落ち着いたのであった。

例えば、東海道新幹線は東京から大阪までをJR東海が持ち、在来線のほうは神奈川県と静岡県の境目である伊豆半島のところで熱海と三島の間で分けるというようになっているが、新幹線だけは東京まで入ってくる。また、米原までは在来線はJR西日本が持っているが、新幹線は新大阪まで持つというふうに線区別に分け、九州の島はJR九州が持っているが、新幹線だけは博多までJR西日本が持っている。

こうした点がそれぞれの会社にとって非常に大事な要素となっており、線区別の輸送量、乗客や列車の流れを含めた機能的な面も加味された地域分割の仕方になったのである。

なぜ、新幹線を公共事業方式で行うのか

このような機能的な要素を加味した分割の方法に加え、さらに今後のＪＲグループの行き方を考える中で特に重要なのが、〝新幹線の持ち方〟という点で、これは「新幹線保有機構」が保有することとなったのだが、資本費用の負担、特に収益調整をどうするかというのが問題となった。

東海、山陽、東北、上越と、それぞれ収益力が違うため、収益をある程度均等にならし、貸付料というかたちで各社にそれを負担可能な範囲で割り振ったというのが、今回の新幹線保有機構の一番大事な役割であった。ただし、こうした役割については、「そういうものは将来的に必要かどうか」と国会でも随分議論となり、そこで、「時期が来たら見直す」という考えを示すことでスタートすることになる。

発足三年目のＪＲ東海としては苦しいが、これを保有することによって減価償却が立てられ、減価償却が立てられれば、それに基づいて設備投資もできるということで、その方向で東海道新幹線をはじめ四つの新幹線を各社ごとに割り振って買い取ってもらうことになったのである。

買い取りのときの再評価、再々評価の差益の原資である一・一兆円が、新幹線の財源の

大きな柱になっているが、こうした方式を導入したのは、「新幹線をこれからやるためには公共事業方式にしなければならない」「公共事業でやるためには国の負担と地方の負担、そして、ユーザーであるJRの三者が協力して作っていくということが重要である」という考え方があったからである。

JRグループはまだ発足して間もないこともあり、建設の費用を直接出すということは極めて厳しい状況であった。そこで、基本的に新幹線は国と地方が建設し、その使用料というかたちで時間をかけてJRから頂けるところから回収していくという方式にしたのである。

この「上下分離の考え方」と「公共事業方式にする必要がある」という方針、そして、そこに各社が相互に乗り入れられるようにした方式などは、実は、欧州における鉄道政策をモデルとしているのである。

参考となったEU方式

ヨーロッパは、EC（欧州共同体）の一五カ国がまず合意をし、EU（欧州連合）として、政治・経済、その他の各方面の分野で一つの共同体を形成し二〇〇七年七月現在、E

U加盟国は二七カ国となっているが、鉄道分野においても円滑に維持していくための方策、日本にも参考になるような仕組みが作られていたのである。

元々、鉄道はヨーロッパが起源であり、欧州で発展したという歴史があるため、ヨーロッパには網の目のように発達した鉄道網があった。交通手段である道路・鉄道・航空などが円滑に動かなければ、一つの共同体としてのEUが成り立たないという事情があったが、特に、網の目のように発達していた鉄道は、各国がばらばらの政策を取っていたのでは、列車が動かなくなってしまう。そこで、EUは、基本的な政策として共通の鉄道政策を打ち出したのであった。

この欧州の鉄道政策は、「EU指令」というかたちでいくつも出ているが、特にその中で大事なのは一九九一年に出た「EU指令440」である。この「EU指令440」が、基本的に「上下分離」という方向を打ち出し、下部構造の線路に関しては、各国が責任を持ってこれを建設したり整備したりし、また、その線路に対しては、各国がそれぞれ自由に乗り入れられる「オープンアクセス」という考え方を取り入れたのである。

例えば道路の場合、道路を作ればその上に誰が走っても構わないという完全な「オープンアクセス」となっているが、この「EU指令440」は、鉄道もそれに準ずるかたちで基本的には「オープンアクセス」でいくべきだとしている。しかも、国が変わっても列車は通り抜けて進んでいけるように国際列車を通す「インターオペラビリティー」というやり方も行うことになっている。この「インターオペラビリティー」と「オープンアクセス」が、「上下分離」と並んで非常に重要な鉄道政策の要素になっているのである。

イギリスから出た列車がドーバー海峡を通ってフランスを経由し、さらにはイタリアまで抜けていくというようなケースも、問題なく行われるようにする。ヨーロッパでは、昔から既にやっていたことだが、改めて原則としてそれを確認し、相互にそれを保障し合うという方針である。

この考え方が国鉄改革のときに大変参考になり、一種、二種、三種事業というようなかたちで取り入れられたのである。これは国鉄・JRだけではなく、私鉄、民鉄、その他の公的セクターなどでも、上下分離でやれば非常に厳しい採算のところでも成立すると指摘され、いくつかの実例が、現に民鉄や地下鉄で出てきている。

今後、こういうかたちで新幹線を作ることが整備新幹線の活路を開くことになるということで、大原則を「公共事業方式」と「上下分離」にし、国と地方ならびにJRが三者協力して作っていくというスキームを組み立てていったのである。

このスキームを成立させるため、国鉄改革特別委員会の参考人でお越し頂いた藤井弥太郎先生や、上下分離について藤井先生と共同して研究しておられた堀雅通先生などのお知恵も借りながら、ＥＵの鉄道政策のいいところを取り込んだかたちで新幹線を作っていくという方向を打ち出したのである。

「若林私案」と「上下分離」のあり方

国鉄改革に先立ち、新幹線は公共事業にしたほうがいいということは、既に自由民主党の財源問題検討委員会などでも言われていたのだが、それを具体化するかたちで取り込んだのは、平成八年の見直しを行ったときである。

この頃は、自民党の交通部会が非常に機動的に動いていた時期でもあり、交通部会長の若林正俊先生を委員長にして「若林私案」というかたちで方針を打ち出し、それを政府与党でオーソライズしてもらって話をまとめたというのが、平成八年の見直しの成立経過である。

当時、私は交通部会の部会長代理であったが、議論の中でヨーロッパの鉄道政策を参考にし、藤井先生や堀先生のご意見もよく承ったかたちでこれを作り上げたのである。

また、新幹線だけではなく、地下鉄関係でも「上下分離」が必要だろうということになってきた。

現在、各政令指定都市を中心に地下鉄の建設が盛んに行われているが、地下を掘り返す地下鉄建設には相当なお金がかかる。資本費用の負担が非常に厳しく、これを借入金でやるということになると、相当な工夫をしても赤字になってしまう。これ以上もう作ることが難しいというところまで差しかかっているのが現在の地下鉄建設の状況なのだが、地域によってはまだ地下鉄の建設が必要であり、また、地下鉄が欲しいところも数多くある。そこで、私どもが自民党の交通部会を中心に「地下鉄における財源のあり方」という中で、「上下分離が有力な手段である」と提言したのである。

その一つの実例が、大阪で採用になった阪神の西九条線と京阪の中之島線が中之島まで乗り入れる「上下分離」である。この二つとも輸送量が大きく、収益が相当あるということで、阪神電鉄ならびに京阪電鉄は、使用料を適切に償却料として支払っていく〝償却型の上下分離〟というかたちを取っている。だが、仮に収益が十分に見込めないような場合でも、作る費用については、走る側・運営する側に負担をかけない完全な上下分離、公が作って民が営業する「公設民営型」というかたちもあり得る。また、この方式であれば、相当なローカル線までできるようになり、ローカル線でなくても運営が非常に難しいときには、例えば、運営の費用の一部を公的なセクターなどがある程度一定の援助をするような、〝運営費補助型の上下分離〟なども可能である。

各線区の収益力や建設の中身を精査し、「上下分離」のあり方を決めていくという方向になってきているが、今後も新しく線路を作る場合に、「上下分離」は、相当有力な考え方になっていくことは間違いないであろう。

現在運営している鉄道の場合も、赤字で鉄道が維持できなくなってきたときに「上下分離」にかけることによって、例えば、インフラなどの公的部分を県などが所有して維持管理すれば助かるというケースなどもある。また、国鉄改革に先立って分離した四〇〇〇キロの地方交通線の中でも、一部それを取り入れて経営の合理化に努めているところも出て来たのである。

第四章　新幹線の実績と見通し

E2系 あさま（北陸新幹線）

オリンピックと長野新幹線

見直し検討委員会で優先順位が決まった三線五区間の新幹線のうち、最初に着工することになったのが長野新幹線である。一般に長野新幹線と言われているが、これは北陸新幹線の長野までということで、本来は北陸新幹線の一部である。

この長野新幹線がなぜ一番になったかといえば、あの地域は高速道路もなく、比較的鉄道の利用率が高かった点に加え、オリンピックを誘致するために高速道路も新幹線も両方必要であるという事情があったからである。長野には飛行場がなく、新たに飛行場を作っても成立するほどの距離ではないということもあり、新幹線と高速道路を同時に開通させようとなったのである。

そこで打ち出された運輸省案では、高崎〜軽井沢がフルの新幹線、軽井沢〜長野がミニ新幹線となっていたのだが、ミニ新幹線では、オリンピック開催時に予想される五万——六万人規模の大量輸送には難があり、また、人口三〇万人の長野市くらいの都市では、ホテルなどの滞在施設も不足している。そうなると軽井沢や高崎、あるいは東京から来る見学者や応援団、プレス関係者などが通えるくらいの時間と距離が必要であり、ミニ新幹線では輸送量も輸送時間ともに十分でない。こうした観点から、運輸省案の見直しに懸命に取り組んだのである。

オリンピック誘致の最後の決戦であるイギリスのバーミンガム、そこで開かれるオリンピック委員会で各国のオリンピック委員による投票で決まるというときに、長野はフルの新幹線の計画があり、東京から一時間半ほどで行かれるとなれば有利になることは明白であった。

そこで、関係者で議論をしさまざまな陳情や運動などもやり、結局バーミンガムの国際オリンピック委員会に持っていく原案の中にはフル規格での新幹線をやりますということを書き込んだ上で持っていくことができたのである。

軽井沢～長野間をミニからフルに見直した一番大きな理由は、オリンピック誘致ということになるが、もう一点、ミニ新幹線では長野で行き止まりになり、当初の予定通りに長野から先へ行くためには、フル新幹線でないと時間的に競争にならないのである。

北陸は別途、湯沢から北越急行（ほくほく線）を回って連絡する、いわゆるスーパー方式というものを運輸省が打ち出していたため、それを打ち破るためにも、とにかく長野まではフルにしなければならなかったのである。

こうして平成九年に開業となった長野新幹線は、大変に成績が良かった。これは、長野から東京まで最速列車が一時間一九分で到達できるということで、東京～長野間が「通勤可能な範囲」となったからである。軽井沢、佐久平、上田、長野と、とりあえず四駅の開業となった長野新幹線は、東京まで軽井沢から一時間そこそこ、佐久平から一時間一〇分、上田から一時間二〇分、長野からでも約一時間半となったことで、当初予定していなかった定期券で東京へ通うという人が相当出てきたのである。開業前はこれを見込んでいなかったのだが、現在、既に一〇〇〇人を超える乗客が、この沿線各駅から東京へ通勤しているのである。

また、東京まで一時間半なら、学生が東京に下宿したりアパートを借りたりするよりも、座って通える新幹線のほうが安心ということになり、完全に東京の都市圏に組み込まれたのである。

長野新幹線を使えば、東京の青梅とか奥多摩と同じぐらいの時間で長野まで行けるのである。東京は二三区しかないが、軽井沢と佐久が「東京二四区」、上田と長野が「東京二五区」くらいの位置付けになったのである。

こうした交通の便の良さをシンボルとする意味で、長野から東京まで他は一切止まらない列車、一時間一九分の最速列車も当初は作ったほどであった。最近は、やはりちょっと止めたほうがいいだろうということで、大事な駅には止めるようにしているが、それでも一時間二〇―三〇分ほどで全て走れるようになっている。

このように、長野まではとても良くなったのだが、さらに北へ新幹線を延ばすことについて、色々と議論があったのである。

長野以北のルート問題

北へ延ばすルートは、飯山を回って行くというのがそもそもの整備計画の通りであったのだが、軽井沢を三〇ミリで上れるように見直したため、「在来線沿いに妙高のほうへ行ったほうが北陸に対して距離的には近くなる」「飯山まで奥に入るのはいかがなものか」という議論が出てきたのだ。

距離的には飯山が少し遠くなり、妙高のほうが近いが、妙高に行くと二五ミリから三〇ミリという急勾配を使わなくてはいけないことになり、必ずしも得策ではない。

これについても随分と議論をしたのだが、線形的には確かに妙高が近いけれども、勾配を含めた総合的な判断としては飯山がいいことが分かり、結局、飯山回りを決めたのである。

実は、昔の信越線を作るときも飯山回りが本命だったのだが、当時、飯山の地域の人は、疫病が流行ったり、ＳＬの煙で桑や稲が汚れたりすると困るからと反対した。それで、やむをえず妙高回りで行き、善光寺の境内を頂いて長野駅ができた経緯がある。

飯山としては、一〇〇年に一度のチャンスがまた巡ってきた、今度こそはと随分しっかりとした運動を展開した。ざっと数えただけでも斑尾、戸狩、野沢温泉、奥志賀といったところが飯山から一足になり、北信州の今後の観光開発のためには飯山のほうが中心的な位置になる、これからの楽しみとしては飯山のほうがあるということで飯山ルートに決まり、そして、飯山トンネルを掘るため、とりあえず長野から上越市までの長野以北の見直しを進めた。

昔は「上越」は「高田」と言っていたが、飯山から上越までは、それほど乗客がいないため、営業を担当するＪＲグループとしては何とか糸魚川、できれば富山まで延ばしたいという希望が非常に強くあり、次の見直しで富山まで延ばすこととなった。

富山〜東京間は飛行機が飛んでいるが、飛行機の利用客の相当部分が新幹線に移って来るであろうという見通しがあり、実際、現在も湯沢からほくほく線を使って北陸方面に行っている乗客が相当数いるので、新幹線に移る可能性は高い。そういうことで富山まで延ばすことになったのだが、実は、富山には車両基地がないため、それでも開業ができないのである。

国鉄の車両工場や車両基地が金沢の先の石川県の松任にあるのだが、平成一六年一二月の暮れの見直しで、そこにある白山の車両基地まで工事を延ばすことで、ようやく北陸新幹線は平成二六年には開業できることになった。

ただし、北陸新幹線の本来の使命は、福井を通り、最終的には大阪までくっ付けて東海道の代替になることである。東京・大阪という二大都市圏を東海道一本で結んでいるだけでは、大災害などになったときの備えがなくて困ってしまう。要するに、日本海周りの新幹線がもう一本機能していることが重要である。阪神淡路の大地震があったときも新幹線が止まり、大変苦労したが、東海道の場合東海地震や東南海地震なども想定されるため、北陸新幹線は途中で止めないで大阪まで入ることが使命となっているのである。

さらなる見直し目標と課題

とりあえずではあるが、金沢、松任まで新幹線が行くことになったため、次の目標としては、福井県の福井市を経由して敦賀までを何としても見直しをしたいということになった。

なぜ敦賀まで行くかと言えば、現在、別途ＪＲ西日本が快速・新快速という便利な郊外電車、快速電車を走らせていて、今この湖東線が長浜まで来ていて、一方の湖西線が近江今津まで来ているため、直流区間を敦賀まで延ばし、敦賀まで快速・新快速が来るとなれば、そこでJR西日本の都市圏鉄道と連絡ができるのである。これが大きな理由となり、一つの区切りができるということから、次の見直しはどうしても敦賀までやりたいということになった。

敦賀から先がどうなるかということが、またもう一つ問題としてある。今の整備計画では、敦賀から小浜を通り、山陰線が通っている京都の亀岡を抜け、トンネルを掘って高槻あたりへ出てから新大阪へ入るというのが予定路線。ところが、小浜は人口三万人ぐらいの人がいるが、あとはほとんど山の中を通るばかりで利用者がいないのである。それに比べ、仮に敦賀から今の北陸本線沿いのルートで米原へ東海道をくっつけると建設路線が短くなり、工事費も少なく、しかも、米原ルートには別途、中京新幹線という予定路線もあり、中京地区と北陸地区の交流が可能になる。

名古屋から北陸方面、福井、富山、金沢のほうへ行く人が新幹線に乗車してくれることで概算で見ても、米原回りだと一日三万人の乗客がいるが、小浜を回って亀岡のほうへ行くと二万人くらい、約五割も乗客数が違うのである。

延長距離が短いという点に関しても、小浜、亀岡、高槻ルートで新大阪に予定通り入った場合、約一兆円の工事費がかかるのである。敦賀から大阪までは一三〇キロほどあるが、敦賀から米原は四六キロぐらいなので、約三〇〇〇億円でできる。工事費が三倍違って、乗客率が五割も違うと、費用対効果では五倍も違うことになる。これでは、決定的に鉄道としての機能と価値が変わってくるため、やはり米原ルートを選ぶことがふさわしいのではないかとなる。

その代わり小浜には、小浜から湖西線の近江今津へ出る琵琶湖若狭湾鉄道の計画があり、これを作ることによって在来線で京都まで一時間、大阪まで一時間半で出られるようになる。琵琶湖若狭湾鉄道の建設は、「北陸新幹線のルートがどうあるべきか」ということと極めて密接に関係があり、約二〇キロ、五〇〇億円ぐらいの計画だが、これを早く行えば、むしろ使い勝手が良いのではということで、現在、併せて進めているのである。

地域を活性化させる新幹線の役割

近年、大阪が経済的に苦戦し、人口でも神奈川県に抜かれ、名古屋の経済圏に遅れを取っているが、在来線や高速道路に加え、さらに北陸新幹線ができることによって大阪の経済や文化は弾みがつき、はるかに力強いものになっていくと思われる。北陸新幹線が関西空港に直接入れるような研究もしたらどうかというような希望も現場からは出ているが、大阪の経済界には、もう少し積極的に勉強し、努力するようにしてもらいたいとメッセージを送っているのだが、それが、北陸新幹線の最大の課題でもある。

富山や石川県の小松には、相当大きなジェット機が羽田へと飛ぶ飛行場があるが、その利用者の多くが北陸新幹線に移ってくることが期待でき、また、利用者数や収益力が高いということで、それが今後の新幹線の進捗、建設に大きく役に立つとされている。

前述したように、鉄道が最も得意とする距離、特性領域は六〇〇―七〇〇キロであるが、この辺りの距離がちょうどそれくらいになるという利点に加え、現在、二六〇キロで計画しているスピードも、将来的には三〇〇キロも可能になるため、地域にとっても、JRにとっても、最終的には国にとっても、非常に有効な公共事業になると思われる。

日本海側は遅れていると言われてはいるが、観光資源や生活水準などを見ると、むしろ北陸のほうが優れた要素もあり、それを早く結びつけることで、東海道がもし災害でやられたとしても、北陸新幹線があれば、日本の経済、大動脈も何とか持ち堪えられるようになるだろう。

北陸新幹線は、長野までとりあえず開業しているが、そういう意味では〝道半ば〟の状態であり、次の目標である金沢・白山基地までの開業をして、それと並行して大阪までの入り方を併せて研究し具体化していくということが今後の課題となる。

ミニ新幹線——山形と秋田へ

山形新幹線はＪＲが地元と協力して、ミニ新幹線というかたちでとりあえず山形まで開業し、その後それを新庄まで延ばしたのだが、いずれの運行も好評である。この山形新幹線は、ミニ新幹線という考え方が最初に具体化したケースである。一四三五ミリの新幹線のゲージのまま乗り込めるように、在来線の軌道の一〇六七ミリにもう一本、軌道レール一四三五ミリを足して三線軌道にしていこうとなっていたが、三線の分岐ポイントというのは非常に分岐器がやっかいなものであり、また、降雪量が多い地域であるため、ゲージを換え、在来線の大部分を広軌に改築して、山形まで行くことになったのである。山形から一つ手前のところまでは貨物が残っているため、三線軌道で走っている部分もあるが、基本的にこの区間には貨物がもう走っていないので、大半はもう広軌に改築して走ったのである。

山形新幹線は、ミニ新幹線の最初のモデル・ケースとして大変好評となったが、唯一の問題点は、踏み切りがどうしても残ってしまったことである。立体交差にしたり、遮断機を増強したりと、随分と整理したが、やはり踏み切りが残ってしまったのである。幸いにして大きな事故は起こっていないが、保安上の大きな問題点として、今後とも気を使っていかなくてはならないであろう。

ミニ新幹線が持つ五つの欠点については前述したが、根本的に踏み切りが残ることが最大の問題であろう。もちろん、これは個別に処理すれば良いのだが、そのための予算がなかなか出ないこともあり、地形的に踏み切りを取ることが難しいケースもある。

こうした問題点は残るものの、山形新幹線が成功したので、今度は秋田まで新幹線が欲しいということになった。山形の場合は福島から枝分かれしたが、秋田のほうは、盛岡から花輪線を使って入ることとなった。ここも貨物がなかったため、山形と同じようにゲージを広げて秋田まで入ることができたので、おおむね成功したと言えよう。ただし、秋田までは飛行機との時間がほぼ同じで四時間前後かかるため、今のところ勝負は五分五分。ただ、秋田の人は割と列車が好きで、昔も夜行列車がけっこう利用されていたが、田沢湖のスキー場へ行くときなども、新幹線のほうが便利という面もある。

ミニ新幹線というのは主要幹線から枝分かれをし、所要時間が三時間前後から多くても四時間程度であれば成立するのだが、それを幹線で使うとなると色々と問題が生じてくる。

時速一三〇キロでは、高速道路や飛行機に比べて競争力の点で見劣りがしてしまうので、これから先どのくらい延びるかは不確実。既に東日本では県庁所在都市に全て新幹線が行き届いたことになっているため、この辺で完成という感もある。青森が現在も工事中だが、残りは全て新幹線がそれなりに行き届いているかたちとなっている。また、水戸だけは新幹線というわけにはいかず、在来線を一三〇キロで運転して何とかしようということになっているが、一つのネットワークとしてできあがったスタイルと言えるかもしれない。

飛行機は雪で飛ばないこともあり、より安定した鉄道のほうが使い勝手がいいということで、秋田新幹線もなかなか健闘しているが、これは「秋田こまち」という列車のアコモデーションが非常に良く、駅も立派にできたので、地元から評判のいい列車になっているからであろう。

山形新幹線は、当初の山形までという予定をさらにその奥にある新庄まで延ばしたが、山形と新庄の間にある飛行場は「勝負にならない」ということでかなり減便をして、現在は昔の五分の一ぐらいになっている。やはり、新庄までの距離は新幹線の領域ということで、蔵王にスキーに行くときなど、昔は飛行機に乗ったり、夜行列車で行ったり、色々な経路があったが、現在は、ほとんどが新幹線の利用となっている。

好評となった東北新幹線

東北新幹線に関しては、昭和五〇年前後の仕事で盛岡まで行ったものの、これが八戸から青森を目指しながら、盛岡で止まったきり二〇年も動かなかった。そこで、今回の国鉄改革が終わってから見直し検討委員会の中でやろうとなり、色々と議論した結果、沼宮内〜八戸をフル、その手前の盛岡〜沼宮内がミニ、八戸〜青森をまたミニでという運輸省案が出てきたのである。

この案には非常にがっかりさせられたが、とにかく沼宮内から八戸までは岩手トンネルという世界で一、二の大きなトンネルもあり、在来線の線形も悪いので、この区間は何としてもフルでいこうということになったのである。

要するに、フルでやれる部分は、「うなぎ料理」なので箸を付けてもいいが、ミニの部分は「どじょう汁」のようなものだから、メニューにあっても注文しない、決して箸を付けないということで我慢することにした。

ミニ新幹線でも建設にはキロ当たり五億円ぐらいかかるので、八戸から青森までの長い線区をミニでやる場合のお金を手前の盛岡から沼宮内までにかけると、この区間をフルにすることができる。そこで見直しをかけ、八戸までとりあえずフルで行くということでスタートして、平成一四年に無事、開業することができた。この評判がまた良く、当初の予定より五割増しの利用状況がずっと続いている。

人口約二〇万人の八戸は青森に次いで第二の規模の町で、工業都市でもあるのだが、観光資源と呼べるものはなく、新幹線利用者がどれほどいるのか懸念されていた。また、「国鉄時代のような赤字をまた作るのか」といった批判もあったが、そうした心配は見事に外れ、在来線時代の五割増しのお客さんが来てくれている。

これは、八戸の皆さん方が大いに利用してくれたということもあるが、青森空港の利用者が相当数、新幹線に移ったことが大きいだろう。青森から山の中にある飛行場まで一時間ほどかかるのだが、同じ一時間なら八戸へ来れば新幹線があるということになり、構造的な輸送上の変化が起こったのであろう。東京から八戸までも、五割増しの状態がずっと続いているのである。

現在、青森までは工事中となっているが、途中に二六・五キロの八甲田トンネルがあり、これは複線トンネルでは目下世界一。それより長いトンネルをスイスで工事しているが、複線としては八甲田トンネルが当分世界一となる。この世界一のトンネルを使い、縄文の遺跡で有名な三内丸山という遺跡の近くを通って新青森まで入るというのが、当面の計画となっている。

八甲田トンネルは無事に貫通をし、私もその貫通式に行ってハッピを着て、樽酒を叩いたりしてきたが、あと二年ほど、平成二二年十二月中には開業できることになっている。

予定通りに開業すれば、この路線にＥ５系の素晴らしい新幹線が走ることになる。これに先立ち、ＪＲ東日本が時速三六〇キロで走れる車をすでに試作しており、東北新幹線で試運転をしている。徐々にスピードを上げ、既に三六〇キロを超えるスピードが出ているが、将来的には四〇〇キロを超えるようなスピードを実験的に出すことになっている。青森までの路線が開業する頃までには三時間程度で青森まで行けるようになる計画であり、時代は飛行機から新幹線に移ってきているのだ。

新幹線で北海道へ行く時代

青森から先、青函トンネルを使って北海道へ行く際は、札幌まで四時間にするという目標も立てている。それが「ファスティック３６０Ｓ」の投入によって具体化してくるのである。そういうことで青森まではできるだけ早く開業し、実績を積み重ね、さらなるその先の展望を開いていきたいという思いが強いのだが、これは時速一三〇キロのミニ新幹線ではとてもできないことである。在来の鉄道では、高速道路にももう勝てないというところも多いが、新幹線なら高速道路はもちろん、飛行機とでも競争できる。それが新幹線の強みである。

今、東北新幹線は順調に進んでいるが、その先の北海道新幹線についても、平成一六年の見直しの中で、青函トンネルを経由し、とりあえず新函館まで着工することが決まり、既に北海道内でのトンネルに着工したり、新函館駅等の用地買収に取り掛かっている。

青函トンネルが五三キロあり、これを含んだ中小国～木古内という駅の間は既に新幹線規格で構造物ができているのだが、そこにもう一本レールを引いて三線軌道にするというのが最大の課題となっている。現在、トンネルの中は貨物列車や普通の急行、寝台列車が走るために、在来の一〇六七ミリの軌道が二本引いてある。その内側にもう一本、一四三五ミリのレールを敷くことになっているのだが、これがかなりの難工事である。列車の間合いが二時間前後しかなく、その間に溶接した約二〇〇メートルのレールをトロッコに積んでトンネルの中へ持ち込み、降ろし、引き上げてこなくてはならない。これは、かなり能率的にやらないとできない仕事なので、トンネルの両坑口で溶接の基地を設け、そこで二〇〇メートルほどに溶接したレールを作り、それを何本かまとめてトンネルの中へ持ち込んで降ろすというこの仕事のやり方について、今、色々と研究してもらっている。また、今は既に走っているレールも、開業以来二〇年を経過しているため、これも取り替えなくてはならない。そのために軌道を切って、外して持ち出し、それから、新しいレールを入れるという大がかりな仕事になる。この間も現地に行って見てきたのだが、貨物列車も特急列車も勢いよく走っているので、その合間を縫って安全に工事を進めるというのは並大抵ではない。

　また、貨物列車とすれ違ったときに貨物列車が空コンテナを積んでいると、風圧で空コンテナがひっくり返ってしまう恐れがあり、すれ違うときの風圧をどうやって防ぐかという問題がある。さらに、貨物列車のスピードは大体八〇—九〇キロぐらいだが、新幹線は二六〇—三〇〇キロで走るため、貨物列車に追いついてしまうという問題もある。函館までなら一時間に一本くらいでもいいが、札幌までは一時間に二、三本は走らせたい。だが、現状のままでは一時間に一本が限度。この問題に関しては、貨物列車をそのまま新幹線用の台車に乗せて、新幹線で貨物列車そのものを運んでしまう「トレイン・オン・トレイン構想」に基づき、貨物列車を積む新幹線の開発を現在、進めているところである。

もう一つの青函トンネル

　この「トレイン・オン・トレイン構想」に加え、もう一本青函トンネルを掘るという案もある。

　北海道の人口は約五六〇〇万人だが、面積や人口の規模などから、ほぼデンマークと同じぐらいの大きさで、一つの国と考えても差し支えない。例えば、九州は面積では北海道より小さいが、人口は一〇〇〇万人を超えているので約二倍となる。その九州と本州は、古い関門トンネル、新幹線の関門トンネル、道路トンネル、つり橋などで結ばれていて、四つのアクセスがある。それに比べて、北海道は青函トンネル一本ということは、人口では半分としてももう一本あってもいいということになる。

あるいは、人口四二〇万人の四国と比較しても、四つの県合わせて、本州備讃ルート、明石ルート、今治～尾道ルートと三本も橋がかかっている。しかも、真ん中の備讃ルートは、鉄道と併用橋であるため、四つあると数えてもいい。さらに、鳴門をトンネルで結ぶ案とか、そこから九州や大分の方へ結ぶ海底トンネルの案もある。これは将来の課題としても、とりあえず、三本プラスアルファのアクセス、公共サービスを四〇〇万人に提供しているのだから、五六〇万人の北海道に対して、もう一本トンネルは必要であろう。

もちろん、これは鉄道だけではなく、道路をその中に通すことも考えられる。しかし、道路は排出ガスの問題もあり、長いトンネル内での事故などの危険性も高いため、列車に乗せて運ぶという「カー・フェリー・トレイン」を使うほうが良い。ヨーロッパではずっと昔からこの方式を取り入れていて、スイスのアルプス越えのトンネル、シンプロンとかゴットハルトトンネルなどで、列車に車がすっと乗り込んでいっぱいになったら出るようになっている。

フランスとイギリスを結ぶユーロトンネルは全長五二キロで、青函トンネルより一キロほど短いが、海底トンネルとしては非常に良い成績を上げている。ここでも、主な列車はユーロスターという新幹線方式の列車が走っているが、併せて両側に基地があって、そこで自動車を積み込んだ「カー・フェリー・トレイン」を走らせている。その他、貨物列車も含め、三種類の列車で現在営業をしている。

これと同じように青函トンネルでも、貨物列車、旅客列車、新幹線、それに車を積んだ列車を走らせれば、効率的に運べるのではということを併せて専門家に検討して頂いているのだが、現状では列車をこれ以上は入れられず、もう一本トンネルを掘らないと無理なのだ。

青函トンネルに入って調べてみると、本トンネルを掘るために作った作業坑が今も立派に保守管理上使われていて、水抜きトンネルがその下にさらに掘られていることが判る。現在も毎分二一トンの水が出ているが、斜坑の一番下にリザーバーと呼ばれる貯水池があり、そこに貯めた水をポンプで汲み上げているが、この貯水池にはまだ余裕があり、半分空の状態。そこで、もう一本掘れば、水が多少出ても十分に対応できる。作業坑の片側に青函トンネルがあるが、もう一本反対側に掘れば、排水設備とか、作業坑とかいうサービストンネルが全部できあがっているので、今度は比較的安く掘ることができるであろう。

とりあえず函館まであと六年、平成二七年くらいまでには完成する予定になっているが、やはり時間がかかり過ぎる面もあり、作業を早めるためには財源を工夫するしかない。札幌まで今から議論して追っかければ、この範囲内で間に合うことも期待される。

東海道新幹線は五一五キロだが、五年半でできた。四〇〇キロの山陽新幹線も五年ぴったりで仕上げた。残りの新函館から札幌までが約二〇〇キロあるが、これも五―六年あれば十分できるということになる。問題は、いかにして公共事業のお金、利息の付かないお金を工面するかということが、北海道新幹線の促進のためには大事なのだ。

モデル・ケースとなる北海道新幹線

北海道は、道ということで道州制の一つのモデル地域でもある。現在、いわゆる北海道という地方自治体に加えて、北海道開発局があり、私が開発政務次官をやっていた頃は、公共事業を年間一兆円くらいやっていて、最近でも六〇〇〇億円ぐらいはある。その十分の一くらいのをちょっと回してもらえれば北海道新幹線はすぐに実現できるのである。

道路にしても、河川にしても、必要なところはほぼ手当てをしており、道内はほぼ充足されてきている。その他の部分を少し我慢し、残るは新幹線ということになれば、財源は十分ある。

先に紹介した「ファスティック360S」で営業すると、札幌まで四時間で行くことができる。千歳まで行って千歳で乗り換え、一時間半かけて羽田へ来て、羽田からまた都内まで一時間かかっても、三時間半から四時間。札幌までの四時間で降りたらすぐ仕事ができる東京・上野・大宮などに着くことになれば、千歳のお客さんの半分ぐらいは新幹線に移って来ることが見込まれる。

函館、旭川、釧路、帯広、北見、稚内と、北海道の各地にはジェット機で飛べる飛行場がたくさんあるが、そこから羽田へ飛びたくても羽田の枠がなくて、なかなか入れない状況にある。ところが、千歳で食っている枠を回せば、直行便がどんどん出せるようになる。だから、新幹線を作ることによって道内各地が全て潤う。全道的な影響力が出てくるということで、北海道の将来にとって限りなく明るい材料になるのである。

北海道は、年々観光の面でも有名になってきて、例えば、「雪まつり」は既に国際的なイベントになってきたが、実際行こうと思うと、まず飛行機が取れず、次に宿も取れない。行きたいけれどなかなか無理というのが現状だが、新幹線ができれば遠くからアクセスしてもまず乗り物は大丈夫となり、それに伴ってホテル等も増えることにつながる。北海道の今後の観光開発という面でも新幹線は大切なインフラとなる。

ニセコなどは、オーストラリアから多くの訪問者があり、オーストラリア村ができるくらい繁盛している。ちょうど日本の冬が、オーストラリアの夏休みになるため、ひと月以上の長期滞在が可能なオーストラリアからの訪問者には時差がないため体に対する負荷も少なく、夏スキーを満喫できる楽しい時間を過ごせる。特に、最近は「ビジット・ジャパン・キャンペーン」ということで、外国からの観光客を一〇〇〇万人以上に増やそうということで努力している時期でもある。平成一七年は万博もあったので六七〇万人までいったが、一八年は七五〇万、一九年は八〇〇万、またその次は九〇〇万へと伸ばしたいという政府の方針もある。これから先、頼りになるのは、お隣の韓国や中国、さらに台湾や香港、それにシンガポールなどの東南アジアからの観光客。特に、経済成長が著しく、GDPも二桁近い伸び率となっているアジアからのお客さまが、もっと来日するようになれば、そうした目標も実現可能である。雪が降らない東南アジアの人は、ウインタースポーツ、特にスキーをやろうとする場合、これまではカナダやアメリカ、あるいはヨーロッパなどへ行っていたが距離的に非常に遠い。しかし、もっと近い日本なら、中型機で飛んで来られるし、直接道内各地も応じられる。最近は多くのスキー場も大分工夫して、各コースの案内が日本語、ハングル、中国語、英語と四カ国語くらいで表記されるようになって、お客様の国際化に備えている。

スキー場を作るという設定の韓国ドラマ「冬のソナタ」の流行で、日本で韓国ブームが起きたが、実は韓国にはそんなに大きなスキー場がないため、ドラマを観てスキー場へ行ってみたいと思っても、韓国のスキー場のスケールの面で物足りないと感じてしまう。それなら、日本でスキーをということになる。韓国と北海道では雪の量がまったく違うし、リフトや宿などの整備に関しても、北海道のスキー場は国際的に十分通用するレベルにある。

日本には、札幌と長野と、オリンピックを開催した場所が二つあり、国際的なお客さまのお世話も十分できる。こういう状況にある北海道にとり、新幹線が早く札幌まで通っている必要があるのだ。私自身、実はスキーを覚えたのがニセコで、ニセコまで新幹線に乗ってスキーに行きたいということが未来の希望である。

紆余曲折あった九州新幹線

九州新幹線は、鹿児島ルートが博多から鹿児島まで、長崎ルートが博多から長崎までと、二つのルートがある。まず長崎ルートは、昔、長崎県の佐世保港で「原子力船むつ」を預かってもらうことになり、新幹線もできるだけ早くやるということで、整備五線の中に入った経緯がある。

一方の鹿児島ルートは、九州の背骨であり、大動脈になるのだから絶対に必要であり、そこからまず手を付けるということから決まったのである。

博多から鹿児島までいっぺんにやるのは無理だということで、まず、一番時間短縮効果の大きい、八代から西鹿児島、要するに尻尾のほうから始めることとなった。

現在の鹿児島本線は海岸回りでカーブが相当多く、博多から鹿児島まで四時間かかっていた。そのうちの二時間以上を八代以南の南半分でかかっていたのだが、それを新幹線で短絡すれば、二時間半くらいで博多から西鹿児島まで結ばれる。これなら商売になるということで、最初は「スーパー方式」、つまり在来線で結ぶ予定だったのだが、「フリー・ゲージ・トレイン」が使えることになれば、スーパー方式でなくてもフル方式で十分いけるということになり、八代～西鹿児島をフル方式に見直したのである。

在来線で博多から八代まで結んだ段階で、乗り換えの問題が出てきた。乗り換えをスムーズにやるためには、「対面乗り換え」という同じホームの上で乗り換えにして、しかも列車がすぐに待ち受けをしていて、こちらで指定席に乗っている人は必ず向こうでも指定席があり、しかも切符も一枚で済むようにしなければならない。そこで、ソフトウェアを改良し、時刻表上の乗り換え時間は三分しかかからないスムーズな乗り換えを実現することができた。

これで非常に便利になったため、飛行機や高速道路の利用者の多くが新幹線に乗り換えて来た。在来線時代の二倍半となり、これを続けて八代から博多まで結ぶと、一時間そこそこで博多～鹿児島が結ばれる。これで九州は一体の都市圏にまとまるようになり、非常に明るい見通しが開ける。

九州としては分割民営の中で一日も早く純粋な民間会社として、配当をできる経営をおこなう民営会社に脱皮したいと考えているが、これも実現可能であるということで、博多までの工事を平成二二年度末には完成させるべく、今、馬力を上げて工事最盛期に入っている。

一方の長崎新幹線はフル規格では少し無理であると判断し、「スーパー方式」で建設することを考えていたのだが、フリー・ゲージ・トレインができたなら、博多から新鳥栖まではフルで進み、そこから在来線に乗り換え、今度は武雄温泉から長崎までをフルで実現することとなる。つまり、フリー・ゲージ・トレインで結べば、スーパー方式などという難しいことをやらなくても、フル規格で工事をやっておいて良いという構想に切り替えることができる。

ただし、並行在来線を分離することについては、鹿島市長等が反対をしたため、三年程遅れたが、列車の運行をＪＲが引き続き行い、下部構造の負担を佐賀、長崎の両県が担うことで上下分離の合意ができ、着工にこぎつけることができた。

現実的に見ると、九州の「肥薩おれんじ鉄道」という在来線の第三セクターが思った以上に客足が伸びず、新幹線に食われてしまっているという状況があり、また、東北のほうでも、いろんなかたちで第三セクターを組んだり、上下分離をしたり工夫をしているのだが、厳しい経営になっているため、「それでは困る」ということになり、現在も議論を重ねている。この点はもう少し工夫し、第三セクターのかかっている経費、利用客数、その他の新幹線によってもたらされる収益などをうまく分け合えば、新旧併せての収支採算性は取れるようにできると考えている。

今後の長崎新幹線を早く軌道に乗せるためには、並行在来線の経営の見通しや、その後の列車サービスや運賃なども含め、総合的な面から、あるいは並行の道路をどうするといった全体として地域の力が持ち上がってくるような政策を併せ検討することが必要である。とにかく、新幹線を中心にお客は増えるので、その恩恵を周辺で上手に分け合っていく施策を併せ行うことが肝要である。

夢を現実にするリニアと日本の技術

このように、整備五線は着々と見通しがついてきているが、さらに今後の課題としては、東京―大阪間が何といっても大きな問題である。

現在、リニアモーターカーを中心に技術開発を行っているのだが、この開発の目処がつき次第、東京―大阪をリニアモーターカーで一時間で結ぶ中央新幹線を実現したい。

既に山梨の実験線では時速五八一キロをマークし、すれ違い実験では一〇二六キロ、走行距離は試験だけで七四万キロを超え、試乗して下さった方も一四万人を超えている。皇太子殿下や外国の賓客などにも乗って頂き、十分実用に耐えるというお墨付きはもう出ているのだが、これからの課題はまず、もう少しコストを下げることと、空気力学的な環境問題の視点から、もう少し静かで騒音の少ないものにしていく点にある。もちろん、さらなる安全・安定輸送ができるように、技術面で色々と詰めることもある。より詳細な輸送量を調べ、収支採算性の計算をし、リニアモーターという新しい規格についてもさらに詰めた上で、実験線を四二キロに延長して本格的な試験を行い、基本計画から整備計画に格上げし、一〇年以内に何とか着工したいものである。

これが国内の新幹線に関する展望だが、海外では、韓国が既に新幹線を運行しており、平成一九年には台湾が開業し、中国も現在、北京五輪を契機に三五〇キロ運転を実現し各線区の列車の高速化に懸命に取り組んでいて、日本発の技術が相当お役に立つときが来るであろう。ただ、今後海外の新幹線事業に貢献するためには、何よりもまず、日本でしっかりとした実績を上げ、自信のあるかたちでお勧めすることが大切である。

第五章

新幹線の必要性と効果

E1系 Max とき・Max たにかわ

整備新幹線の必要性と経済効果

整備新幹線は、東北、北海道、北陸、九州、長崎の各五線区、一八都道府県にわたって造る必要性があるという主張の根拠は、新幹線があるかないかでは将来の地域、あるいは都市の発展に非常に大きな影響があることがすでに実証されているからである。

新幹線が通っているかいないかで、その地域の経済力や将来の発展性が左右されるということも分かってきており、該当している都道府県にしてみれば、一日でも早くこれを欲しいと考えるのは当然である。

では、新幹線の「投資効果」というものが、どのようなかたちで具体的に出てくるのか。この点を明確にさせるためには、開業から四〇年経た東海道新幹線の沿線の発展過程というものを振り返り、さらに山陽新幹線、あるいは東北・上越新幹線についても考察する必要があるだろう。国鉄時代に先行して造った新幹線沿線の地域に対する経済効果などを振り返ることによって、将来の経済効果についても推定もできるからである。

まず、東海道の姿を見ると、東京〜大阪間を直通するということもあり、基本的に既存の市街地に寄って造られているが、そうならなかったところもある。

東京、名古屋、大阪、その他主要駅は、ほとんど既存の都市を通り、在来線の東海道の各駅に連絡を付けながら進んだが、一部は既存駅に寄らないで造らざるを得なかった。これは在来線の線形が非常に厳しいことに加え、都市化が進んで、用地買収その他が非常に困難なところがあったからである。

また、まったく駅のないところに新駅ができた例もある。例えば、新横浜は、横浜の古い駅に寄れなかったために、横浜線の中に新しい駅を造り、その新駅を基点に新たな街づくりを始めたのである。また、新大阪も、旧大阪に入れなかった駅の一つであった。両駅とも、当時は田んぼの中、あるいは未開発の土地であったが、四〇年経った現在はどうなったか。例えば新横浜は、横浜の一つの新しい玄関として立派な街づくりが進み、利用者も増え、ひかりやのぞみを止めるというかたちになり、ますます重要性が増している。新大阪も、もともと新幹線の終点でもあったため、開業直後から大阪の新しい玄関となり、駅周辺は、すっかり街の装いが一変したことは広く知られている。

新幹線と街づくり

もう一つ見落としてならないのは、名古屋を出て次に岐阜羽島という駅がある点だろう。岐阜羽島は、岐阜県にただ一つの新幹線の駅であるが、造った当時は、周りに一軒も家がない田んぼの中であったため、「とんでもないところに新駅を造った」という批判を受けた。しかし、大野伴睦さんが尽力し現在のような駅、町へと発展させることができた。岐阜羽島の駅前に大野伴睦さんと奥さまの二人が並んだ銅像が建っているのは、そういう経緯があるからである。

実際に岐阜羽島ができてみると、やはり私鉄も乗り入れをするようになる。また、投資計画も何もない場所であったために、かえって理想的な街づくりができたという側面もある。現在の岐阜羽島は、すっかり立派な街並みになり、田んぼの中というイメージは一新されてしまった。

こうした経緯もあり、その後の東海道新幹線には、いくつかの新駅が途中に設置されていったのである。新幹線が開業した当初からあった駅周辺はもちろん、後からできた駅を見ても例えば、三河安城、あるいは新富士の駅、その前にできていた三島、それから掛川などもとても立派になっている。東海道の場合、静岡県内に新駅が多いが、駅ができることによって街づくりが進み、街の発展が約束されたということが、こうした過去の事例から証明されているのである。

滋賀県では、南琵琶湖という駅を造ろうということで話が決まり、計画が進んでいたのだが、先の県知事選で、「もったいない」ということで新駅造り反対の知事が当選した。

しかし、都市計画として駅を中心にした新しい街づくりが進んでいること、東海道新幹線の事例のように、これまでの歴史を見ても、新しい駅ができることによってその地域が駅を中心にして発展することが見込めるのである。南琵琶湖ができた場合、一地方の駅ということでなく、全新幹線、東海道や山陽を含めた新駅であり、他の地域との交流を拡大するためにも非常に便利になる。

のぞみが止まらないからということが「もったいない」理由の一つとして上がっているようだが、こだま、ひかり、そして新しい体系ののぞみを含め、そういったダイヤの編成は、今後の街の発展と同時に、逐次変わっていくものである。

新横浜がいい例だが、最初は新横浜もこだましか止まらなかった。それがひかりも止まるようになり、現在はのぞみも止まるというように、時代や街の発展とともに、ダイヤの編成は変わってきている。特に、南琵琶湖というのは、栗東という小さな地域に限らず、県都である大津を含めて、南部の滋賀県の中心的都市として発展する可能性を持っている。一時の思い付きだけで、こういった五〇年、一〇〇年にわたる大プロジェクトを凍結、あるいは見送ってしまうことのほうが「もったいない」のではないだろうか。県議会を含め、これから県民の皆さまみんなでよくご相談し、本当に将来の滋賀県にとって何が一番大事かということについて大きく議論をするべきであろう。

役に立つ鉄道——新幹線のスピードと安全性

新幹線を造るときに、私たちが最初に心掛けたことは、第二の国鉄を作らないということで、要するに借金で赤字になって利用されない鉄道では困るという点である。必要な鉄道、利用される鉄道とは早くて、しかも安全で便利であること。これが「役に立つ鉄道」であり、そうした鉄道を造ろうというのが新幹線の建設なのである。

まず、何よりも新幹線で大事なことはやはりスピードということ。在来の鉄道の速度というのは、せいぜい時速一二〇―一三〇キロで、最近、ようやく一部の線区で一六〇キロが可能となったが、一〇六七ミリという狭軌の日本の鉄道の宿命からして、この辺が一つの速度の限界。理論的には二〇〇キロも可能だと言われ、実際に実験とかテストではそういった速度も出ているのだが、営業的に二〇〇キロを狭軌で出すというのは非常に厳しい条件があるため、現在のところは、恵まれた線形条件の下における一六〇キロが限度なのである。

それに対して新幹線のほうは、東海道が開業した時に一六〇キロからスタートして、二一〇キロを標準にし、その後、逐次速度を上げて、二三〇キロ、二四〇キロ、そして、現在は二七〇キロまで最高速度を上げることができるようになってきたのである。また、東北のほうは線形が良くなっている点があって、現在、二七五キロまで出しているが、山陽新幹線はさらにそれを上回るかたちで、三〇〇キロのスピードまで出せる「のぞみ５００系」が走っている。

今、ＪＲ東日本が開発している「ファスティック３６０Ｓ」という列車は、三六〇キロで走ろうという状況で、試験的には四〇〇キロ以上の試験速度が可能である。外国の例では、フランスのＴＧＶの五一五キロ・五七四キロという速度記録がある。そういったことからしても、時速三五〇―三六〇キロというレベルの営業スピードはもう夢ではない。現実のものとして手に入るところまできたことになる。

高速道路の速度が一〇〇キロ前後ということからすれば、東海道新幹線ができた時の二一〇キロというのは、その二倍の速度で走れるということで、鉄道の優位性、利便性が非常にクローズアップされた。また、東京オリンピックという大きなイベントと同時に開業したため、日本の持つ技術力、鉄道の技術というものが、世界に届いたことからしても、国民にも歓迎され、世界中からも驚きの目をもって迎えられた。

スピードに加え、新幹線にとって大事なことは安全性である。この四〇年間に鉄道側の責任でお客さんを一人も亡くしていないという世界に冠たる実績がある。いくつか危ない現象も過去にはあったが、結果として、新幹線は、運転事故によるお客さまの死亡事故を出していないのである。

過去に三島の駅で、買い物に降りた高校生が発車した新幹線に飛び乗ろうとして、ドアにはさまれて引きずられて亡くなったというケースがあった。これを責任事故として認めようということになっているが、とにかく運転に伴う事故は起こっていない。これは今後とも非常に大事にしていかなくてはいけない大きなテーマであろう。

また、平成一六年の中越地震では、走っている新幹線が初めて脱線し、一・八キロほど走って止まるという現象を起こしたが、これも結果的に乗客一五一名の一人もけがすることなく、無事に避難ができた。これは、ただ運が良かったというのではなく、必要な構造物の補強をし、適宜、対応していたことによるもので、脱線はしたが大きく逸脱したり転覆したりはしなかったと高く評価されている。そして、これは新幹線のこれからの地震対策の在り方として、大きな方向性を示していると言える。

第一に脱線しない構造物、落下しない橋梁とか高架橋が必要で、さらには脱線しても、それが大きく建築限界の外へ飛び出したり、対向列車とぶつかったりしないようなシステムにつくり上げること。これが安全性の中では、相当大事なことである。

加えて、風と列車の安全性について、羽越線の事故が起きてから随分と勉強が進み、最近は、ある程度の風速になったら列車を止めるか、徐行する必要があるということになってきた。風速がどのくらいなら安全かという目安を立て、突風が来たときには、どんな対応の仕方があるかということで、風の集中しやすいところには防風柵を造るようなかたちで、目下対策が進んでいる。また、必要な路線には風速計を配置しているが、この風速計の位置とか数が十分でないということで、風速計の数を増やし、また、風速計によって列車の停止措置が即時にできるような信号のシステムを作っていくことも、現在着々と進んでいる。

一つひとつの事故や災害に学び、その都度保安レベルをグレードアップしてきたという積み重ねが、四〇年間無事故できた大きな実績につながったのであろう。そして、安全の確保については、「これで終わり」ということはない。予測し得ること以上の現象というものが起こるもので、常に気を付けながら、今後とも絶えざる工夫と努力が必要となる。そうした日々の努力の結果として、乗客の安全が保たれていることが極めて重要で、安全の確保は新幹線の大黒柱の一つである。

新幹線の利便性

スピードや安全面だけでなく、新幹線は、やはり「便利であること」「利用しやすいこと」

が大事である。

東海道新幹線の場合で見ると、最初は一時間に一本程度の特急というダイヤであった。一時間にひかりが一本、こだまが一本で、一時間に二本の新幹線が出て行くわけだが、特急としては一本だけ。これを「1 - 1ダイヤ」と言っているのだが、だんだんと乗客が増えると「2 - 2ダイヤ」や「3 - 2ダイヤ」、あるいは、「4 - 2」となった。

現在は、のぞみが約九本、ひかりが二本、こだまが一本で、計一二本くらいのダイヤで走れるようになった。近年は、さらに品川にできた新駅のおかげで、一時間一五本まで走れるようになったため、だいたい四分に一本の割合で走るという、素晴らしい状態になっている。もし新幹線に乗り遅れても、すぐ次の列車が五分、一〇分おきに出ているという状況になり、常時いつでも飛び乗れるかたちとなった。切符も窓口での購入が基本だが、自宅電話や携帯電話で注文するという方法もまた可能になった。

さらにJR東日本では、「もう車内検札というものは必要ないじゃないか」ということで、券売機を通して自動改札を通ったお客さまは、車掌の持っているモバイルの中にちゃんと登録され、この乗客は切符を持っているということが車掌に分かるようになり、車内検札が最近では省略できるようになった。このように、新幹線は、早くて、安全で、便利であるという条件が着々と向上されてきた。こうした面から考えても、これから街や地域が発展していくためには、新幹線の駅が「適切に」あるということが大事となる。

新幹線の駅は当初五〇キロに一つずつくらいでどうかと言われていたのだが、それが最近では、一五キロから二〇キロぐらいに一つずつくらい造っても良いのではというくらいまで縮まってきている。

これは、必要な地域と街に適切に駅を配置することによって、利用しやすい鉄道がそこに出来上がっていくことになるからなのだが、ではどうしてこうしたことが可能になったのかと言えば、線路容量の面から、追い越し可能な設備を持った駅が適切に配置されることによって、速い列車と各駅で止まる列車をうまく使い分けることができるようになったことと、制動力と加速力の性能が上がったためである。また、デジタルＡＴＣということで、合理的に円滑に加速や減速をし、特に減速のほうのブレーキのかけ方が合理的になったため、駅の配置が比較的楽にできるようになったことが挙げられるだろう。

新幹線建設費用の問題

これからの新幹線をいかにして効率的に安く造るかということが絶えず課題になるが、東海道新幹線を造ったときは、当初は、一九〇〇億円くらいで五〇〇キロをやろうということで、キロ四億円程度でスタートしたのだが、やはりそれでは足りないということで、三八〇〇億円という工事費になったのである。こちらはキロあたり七億五〇〇〇万円となるが、その結果、工事費が倍に増えたということで、当時の十河総裁は責任を取るという厳しい状況に追い込まれてしまう。

その後、物価も上がり、整備新幹線の建設費用というのは、現在、キロ当たり約五〇億円と言われ、これが都市部となると六〇億円とか七〇億円になる。平均するとだいたいキロ五〇億円程度で新幹線ができる。高速道路と比べ、用地の幅がそれほど大きく取らなくて済むということもあり、だいたい複線で一〇メートルあれば走れるのだが、構造物の余裕などを見て、また、切り取り盛土になる場合にはその分も含めて買い取るが、比較的少ない用地で造れるのである。

また、最近の新幹線はトンネルをたくさん活用することもあり、約半分前後がトンネルになっている。すると、大深度のところでも述べたように、トンネルの上部の部分は買収しなくて済み、用地費用もかからず、さらにトンネルを掘る技術が進歩したこともあり、トンネル工事の単価が昔よりもだいぶ割安になってきているのである。このため、高架橋とトンネル工事との比率も、それほど大きな差額にならないということもあり、割安に建設ができるのが、最近の整備新幹線の特徴となっている。

こうした背景から、建設費は、必要な資材や労務をどう組み合わせるかという工法の選択を適切に行うことによって、このところずっと落ち着いており、その単価の動向というものは、ほとんど今のところ変化がないという状況。ただ、その費用をどうやって捻出するかが問題で、公共事業方式によらないと建設費の償還償却が営業主体にとっては難しくなる。そこで、上下分離に切り替えて、新幹線は公共工事であるとの位置付けを平成八年の見直しの時に決断したわけである。これによって収支採算を上の営業主体であるJRは考えればいいことになり、負担が楽になったのである。これで、一日当たりの利用者が一万―二万人という輸送量が小さい整備新幹線でも十分採算が取れるかたちに漕ぎ着けたのである。また、財源のところで前述したように、まず大事なことは、営業主体になるJRグループの収支採算性が取れることが、これから造る新幹線の場合には重要になる。

予定されている線区地方の皆さんにとっては、営業を担当するJRグループがどういう意見を持つかを確かめ、そこで想定されるお客さまの数によって、採算性がいいかどうかということを予知・予測をするということが、まず作業の第一歩となる。

国や地方にとっての新幹線建設

公共事業という枠組みになると、新幹線にかかる費用を国が三分の二、地方が三分の一出すことになる。そこで、国も地方もその費用を出すことでもたらされる経済効果や税収効果、利用効果といった様々な収支採算を考え、マイナスにならないようにすることが重要となる。

まず、国にとっての収支採算性ということを考えると、その工事に投資をすることによって、将来の税収効果が表れてくるが、その税収が、長い見通しの中で回収できれば、問題のない安心できる費用負担となる。法人税とか事業税とか色々あるが、そういったものを含め、地方経済がそれで伸びることによって、国に入る税収が投入した公共事業費よりも立派に上回っていることが大切となるのだ。特に、事業主体であるＪＲグループの営業が安定し、法人税収入も得られることが国にとっては重要で、儲かった分の三割は法人税で納めるわけで、そうした利益がしっかり見込まれれば、これはもう国にとってはそろばんが合うのである。

こうした直接「目に見えて出てくる数字や効果」の他に、新幹線が建設されることによって、ものづくりのメーカーやサービス業、観光業など、間接的に効果が出てくる産業も色々とある。一般の市民も、時間を短縮することによって得られる時間短縮効果があり、間接的な部分まで含めると非常に大きな開発効果になる。もちろん、こうした間接的な効果は、すぐに税金などで納められないものであるため、長い目で投資に対する収益を見ることが一つの条件となる。

これは地方も同じで、やはり地方が三分の一負担をするということになると、厳しい条件のなかでも新幹線を作ることで企業が立地し、固定資産税等の税金も納め、そして人口も増えていくというようなことが出てくれば、三分の一負担しても間違いでないことになる。

今回、私どもが想定しているスキームの中では、三分の一の地方負担に関しては、九割起債をして、そしてその五〇％を交付税措置で補っていたものを七〇％まで拡大することにした。実質、地方の負担は一八・三％から十二％程度に軽減されることになる。非常に合理的な経費負担のかたちになっているということで、地方がそれだけの費用を投下しても、それに対する効果は必ず出てくる可能性がある。先に述べた東海道の新駅が数多くできた経緯を見ても、十分その費用を負担しても元が取れるという見通しの上で申し出があり、それをＪＲが受けては造ってきたのである。

費用対効果を考える

公共事業を行うときには、必ず費用対効果の見通しを立てて、その費用対効果についても新幹線の場合には、全体としてすべてプラスになるようなかたちで見通しをつけてやることになる。もちろん、その地域、街、乗客の数などにより、線区によってだいぶ違いがあり、また、当事者である地方自治体のリーダーや経済界の考え方などでも、さまざまな違いが出てくるので、多方面からいいアイデアを集め工夫を積み重ねて費用対効果を考える必要がある。

立派な企業の誘致や観光政策を施すことなどによって、この辺の効果は随分と変わってくるため、そういう意味でこれからは地域間の工夫と努力の競争の時代になるであろう。

例えば、最近開業した青森県第二の都市である八戸は、工業都市でもあるが、目ぼしい観光資源も別に有名なものもなかった。ただ、東北における食材など非常に豊富なものがあるわけで、それを材料にして売りだした「八戸ラーメン」が大変人気を呼んでいる。それに、昔から有名な十和田湖や八甲田連峰という山岳もある。ここを訪ねるには、今までは青森側の北から入るか、盛岡側の南から上がっていくというルートで、八戸からだとちょうど東側、横から入るというかたちになる。このルートを開拓・開発することによって、むしろ十和田湖の玄関は八戸であるということをピーアールしたため、だんだん実績が上がってきたのである。

また、長野新幹線の田んぼの中にできた新駅・佐久平などは、軽井沢のような知名度もなく、「いったいどこにあるのだ?」といった存在であった。この佐久平は、小諸と佐久という街の中間の立地で、八ケ岳の東山麓全体の地域の代表的な駅ということで、ネーミングを考えて売り込みをし、六〇ヘクタールほどの区画整備事業をやり、その区画整理の各ブロックにホテルとかショッピングセンターとかの企業を集めて、新しい地域づくり、街づくりを実現したのである。この結果、現在、三〇〇〇人前後のお客さんが毎日乗り降りしている。新幹線の新駅と街づくりが見事にマッチして成功した事例である。

このように、絶えず費用対効果、新幹線の経済的効果を考えながら、まずは事業主体であるJRの収支採算性を見極めながら行い、それにふさわしいダイヤ設定、運転計画を立てて頂く。そしてお客さまにPRしてもらうと同時に、地域がそれなりに自分の地域の特性というものを十分見極めて世間にアピールすることがこれからの街づくり、駅づくり、そして新幹線の誘致を進めるためには大事なのである。

近年、公共事業は一律三%削減というような方針が出ているが、国にも地方にも関連する企業群にも、また利用者である国民にも歓迎され積極的に利用してもらえる新幹線のような公共事業については、一律削減という方向性は「もったいない」という気がする。こういう事業にこそ重点的に傾斜投入・集中的に投資し、早く効果を上げることがこれからの公共事業の在り方として非常に重要ではないだろうか。メリハリの効いた運営をし、あくまで企業ならびに地域、そして国としての収支採算性や費用対効果を考え、最終的には利用者たる国民が最大限の利益を享受できるような、そういう今後の進め方をする必要がある。毎年繰り返されているが、いわゆる政府予算の中で新幹線の位置付けというのは公共事業の一％程度しかなく、これではあまりにも少ない。公共事業費の在り方として全体としての削減はやむを得ないにしても、大事な仕事については、やはりもう少し重点的に配分を考えて頂くというのが、私を含めた関係者の希望なのである。

第六章

全国新幹線鉄道整備法

E3系 こまち（秋田新幹線）

新幹線とは何か

全国新幹線鉄道整備法によると、時速二〇〇キロメートル以上で走れる鉄道を総称して「新幹線」と言うことになっているが、この法律ができたのは昭和四五年で、昭和三九年に東海道新幹線が開業した数年後に法律のほうが後から追いかけて成立したという経緯がある。ただし、沿革をさかのぼると昭和一四年から一五年にかけて既に「弾丸列車計画」というものがあり、これは、東京発東海道・山陽を経由して日本と韓国の間にある海峡を連絡船でつないで朝鮮半島を経由して北京に至るという壮大な計画であった。

当時の段階で、蒸気機関車で列車を牽引することが計画され、そのための蒸気機関車の設計もできていた。また、将来的には電化した電気機関車で引っ張る計画も進められており、この案は国会も通過して、昭和一五年から一部着工に踏み切っていた。用地買収も東京―名古屋間では相当に進み、一部、山陽ルートでも行われていた。特に、日本坂トンネルは既に完成し、丹那トンネルも導坑は既に着工と、進捗が見えていたのだが、戦争が激しくなり中止・中断のやむなきに至った。それが、戦後、経済が復興してくるにつれて昭和二〇年代後半から東海道本線の輸送力が非常に逼迫してきたため、「このままでは行き詰まってしまう」という観点から、もう一度この計画を取り上げて実行しようということで新幹線の建設が始まったのである。

当時、東海道の輸送力増強に関しては、三つの考え方があった。一つは通勤・通学の輸送で、非常に混雑している大都市圏の近く、東京・名古屋・大阪いずれも複線では間に合わないので、もう一つ複線をはりつけ、在来線に腹付線増をするという「腹付線増案」である。これが一番予算も少なく、現実的な解決としては結構有力な案であったのだが、それでは抜本的な東海道全体の輸送力の解決にならないということから、狭軌でもう一本別線を造るという「狭軌別線案」もあったのである。

狭軌別線案が面白い点は、停車場などは従来のものが使え、在来の鉄道にそのまま乗り込めるというメリットにある。この案は現実的で興味深いものであったが、時の十河信二総裁は「やはり狭軌では将来、速度やその他の限度があるから、長年の夢であった広軌別線（現在できあがっている東海道新幹線の規格）で造るべきだ」と主張されたのである。

議論を重ねた結果、結局、十河信二総裁のリーダーシップにより、現在の東海道新幹線の基本の考え方ができあがったのである。「やはりこれからの鉄道は一四三五ミリ、いわゆる『標準軌道の鉄道』というのが基本である。それは中国それから朝鮮鉄道でも実証されているので、それに基づいて日本も長年の悲願であった広軌改築のかわりに別線で造るなら広軌の標準軌で行い、スピードもさらに上げていくことでやったらどうか」という十河信二総裁の提案は、満鉄での長い経験から裏付けされた意見として通ったのである。

この案の下敷きになったのが「弾丸列車計画」という昭和一四―一五年頃の計画で、曲線半径や勾配、構造物の基本的なスケールその他は、もう戦前の段階で出来上がっており、それをさらに手直しして現在の新幹線の規格となったのである。ただし、昭和初期の頃は、まだ電化をしていない蒸気機関車でやる時代であったため、速度の制限があったのだが、戦後は、交流電化の技術がフランスから入り、交流による電化でやることになった。交流は非常にパワーの大きなモーターが造れ、送電等のロスも少なく済み、また電圧を高くして送ることによって効率的な電気の供給ができるなどの点から、交流電化の技術で全線を電車方式でやる方向となる。

世界初の高速鉄道

交流電化は革命的な考え方で、東海道新幹線も交流電化でやるべきであるということになり、とりあえずは在来線でこだまや特別の試験電車を造って速度向上試験を行った。在来線では限界の一五〇キロメートルくらいまでの速度をクリアしたが、それ以上は無理だということで、東海道(神奈川県)の鴨宮に試験線を造り、そこに試験電車を投入して実験を重ね、時速二〇〇キロメートル以上は可能であるという結論に至る。当時、時速二〇〇キロメートルで走れる鉄道は、世界中どこも走っていなかった。試験的にはいくつかあったものの、実際に営業でそれを実用化しようというのは日本が初めてであった。実験を重ねた結果、当面時速二一〇キロメートルで東京―大阪の五一五キロメートルを三時間一〇分で結ぶ東海道新幹線がスタートしたのである。ただ、最初の一年間はやはり慎重を期して、時速一六〇キロメートルに抑えて東京―大阪四時間として行ったのだが、徐々に線路の状態も良くなり、車の性能も安定した結果、一年後には予定通りの時速二一〇キロメートル、東京―大阪三時間一〇分を実現することができた。

ちょうど東京オリンピックの開かれた年に開業したということもあり、新幹線は世界中に大きなインパクトを与え、各国から視察に来た大勢の人々から「新幹線は素晴らしい」という評価を得たのである。特に新幹線に驚いたのはフランスとドイツで、特に「日本の先生」だと思っていたフランスは、生徒である日本のほうがいち早く時速二〇〇キロメートルを超す、しかも電車方式での交流電化の新幹線を実現したことにびっくり仰天し、直ちに技術開発に入ったのである。

フランスは、電車でなくて機関車方式（TGV）で、頭と尻尾に機関車をつけ、それによってスピードを確保する方式であったが、これで日本を追い抜こうと時速二七〇キロメートルの列車を開発したのである。最高速度の記録としても五一五キロメートルという世界記録を達成し、スピードでは世界一となったことを内外に誇示したのである。さらに最近ストラスブール線で時速五七四キロメートルの最高記録を達成した。ただし、営業として時速二〇〇キロメートル以上のスピードで動き出したのは東海道新幹線が世界初であった。

広がる新幹線網

当初、東海道は一時間にひかり一本、こだま一本という「1・1ダイヤ」でスタートしたが、みるみるうちに乗客が増えたため、逐次本数を増強し、現在では常時一二本ぐらいとなり、最高では一時間に一五本、四分間隔で車が走れるところまできている。このように新幹線のシステムは日本の旅客輸送の革命的な産物であったが、東海道の利便性が認知されると、これをさらに延伸する可能性が出てきたのである。

東海道の場合、最も基本的なニーズは、現在の経路が行き詰まって増設をする「線路増設の考え方」からスタートした。同じような状況が山陽本線についても出てきたため、山陽の新幹線も考え方としては延長をして、東京から博多までを複々線にして新幹線を造り、在来線は貨物と通勤通学輸送に充当していくことになったのである。前述したように、部分的に複々線にして増強することは、東京や名古屋、大阪などでは必要ということで、合わせて実現することになった。

基本的に東海・山陽は複線化工事、線増工事として国鉄が自ら改良の一環として取り組んだが、さらに東北や新潟、あるいは全国に欲しいとなってくると、在来線のほうは必ずしも線路容量的には行き詰まってない所もあるため、そのための法律が必要となってくる。そこで、「全国新幹線整備法」という法律を作り、それに基づいて国のほうも必要な支援をしながら財源の手当てその他を含めてやっていくことになったのである。その段階で、「新幹線とは何か?」ということが議論になり、結果、主な区間を時速二〇〇キロメートル以上で走れる鉄道となったのである。この整備法ができたのが昭和四五年で、四六年から四八年にかけて基本計画、整備計画ができあがった。そして、全国六八六〇キロメートルの基本計画のうち一五〇〇キロメートルくらいを当面必要な整備計画として取り上げた。北海道、東北、北陸、九州、鹿児島ルートと長崎ルートを合計した総延長約一五〇〇キロメートルを称して「整備新幹線」と言っているのである。

この整備計画をどこから着工するかということが議論となった時期には、ちょうど国鉄改革という累積した大赤字をどうやって処理するかという問題があり、工事費で借りてきた借金も全部含んで始末をしなければならず、国鉄改革の期間は新しく造る話は止めておこうとなり、昭和五七年に閣議で新幹線が凍結をされることになった。

当面は国鉄改革に全力を尽くすということで、国鉄改革の関連八法案を国会でよく審議した結果、昭和六一年七月の衆参同時選挙で中曽根総理が掲げた国鉄・電電・専売の三公社の民営化政策が、国民からの理解と支持を得て、衆参共に自民党が過半数を上回る安定多数を頂いた。この結果、改革八法案は無事に通過し、昭和六二年四月からＪＲグループも誕生、赤字解消の目処も立ったのである。そして、次の時代の鉄道はやはり新幹線が大事という観点から、新幹線の検討委員会が立ち上がったのであった。

速度と安全を確保する新幹線

なぜ国民の多くの皆様、特に地方の方々から「新幹線が欲しい」「新幹線が必要だ」と要望の声が上がるのかと言えば、新幹線は在来の鉄道と違った特性があるからで、その第一は、やはり時速二〇〇キロメートル以上というその速さにある。大幅に時間が短縮できることで、簡単に日帰りができるようになるため、地域の「日帰り行動圏」が一気に拡大するのである。

新幹線のスピードは時速二一〇キロメートルからスタートし、その後、時速二四〇キロメートル、時速二七〇キロメートルとなり、現在は時速三〇〇キロメートルまで走れるが、さらにそのスピードを上げようと時速三六〇キロメートルの試験も行っている。おそらくこの試験をしている速度が、レールと車輪で走る鉄道としての限界のスピードであろうと言われているが、速度と共に大切なのが安全性である。

旅客列車である新幹線は電車運行の方式を特化・集中しているため、運行形態が単純でそれを信号によって制御し、中央のＣＴＣ（セントラライズド・トラフィック・コントロール）で一括制御している。したがって非常に安全に列車の運行ができるため、新幹線は開業以来約四〇年、運転事故に伴う乗客の死傷事故は出ていない。これは事故などで死傷者が出ているヨーロッパの鉄道に比べ、日本の新幹線が世界に誇る大きな実績である。鉄道は比較的に安全な乗り物であるとは言われるが、時々大きな事故も起きている。しかし、新幹線は、全て立体交差にして踏み切りがないとか、あるいは信号を全て車上信号にして車の中に信号の現示が出てくるなどの安全な仕組みにより重大事故が起きていないのである。

在来線の信号機は外にあるが、新幹線は信号の現示が車の運転台にあり、それを中央で制御しているため、運転手は外の信号や表示を見ることなく、時速何キロで走るべきか、進むべきか止まるべきかなどを容易かつ安全に判断できる。あまり好ましくない例だが、運転手が居眠り運転をしていても無事に目的の駅にちゃんと着いた事例もある。新幹線は、ミスを犯しても大丈夫という「フェイル・セーフ」の考え方でシステムを作り上げているので安全性が高くなっている。

環境にやさしい新幹線

もう一つ新幹線の良い点は、電気で動くためエネルギーの消費が自動車の約八分の一、飛行機の三分の一くらいで動け、エネルギー効率がとても優れていることである。世界的なCO_2削減の動きのなか、石炭や石油を燃やして作る電気ではなくて、原子力や水力といった化石燃料を使わないエネルギーでも動ける新幹線は、環境に非常にやさしい交通機関である。地球環境のためには、なるべく飛行機よりも新幹線、自動車よりも新幹線という観点からも、新幹線を一キロでも二キロでも延ばす必要がある。

新幹線の問題としては、騒音・振動問題が当初とても騒がれ、浜松や名古屋地区では訴訟まで起きてしまい、私も証人として法廷で証言をしたことがある。結果的には後追いの対応となってしまったが、騒音・振動に対する対応策をしっかり行うこととなった。レールと車輪が転動している時に騒音が発生するので、レールを削ったり、車輪を滑らかにしたりといった対策をまず講じた。また、パンタグラフから風切り音とパチパチと火花が飛ぶ音が出ていたため、パンタグラフの形を整えて風切り音を減らし、パンタグラフの数も減らしたが、車体の形状もなるべく滑らかにして風切り音を減らしていく音源対策を工夫した。さらに、遮音効果のある防音壁を必要と思われる沿線に作り、環境基準で決めた七〇—七五デシベルという数字が守れるようにしたのである。だが、それでも基準を超えるような場所が一部に出てきたため、名古屋地区では障害防止対策として沿線の家屋に防音工を施工したのである。普通の木造家屋の場合、モルタル塗りにして窓を二重窓にして空調設備をつけたことにより九〇デシベルくらいあった騒音が六〇デシベルくらいになった。山手線の電車内にいるような音がしてテレビや電話が聞こえなくなるような状態が九〇デシベルとすれば、普通に会話をしている音以下、そよ風の音程度が六〇デシベルとされている。一級防音工というのは家全体に防音工を施すが、少し軽い所では二級防音工というのがあり、二室もしくは三室程度を遮音構造にするのである。こうした対策を取った結果、和解が成立し、裁判は円満に決着することができた。その後も、新しく新幹線が延びるたびにそうした騒音対策は環境庁の基準に従って測定をし、対策を講じている。振動に関しても、地中に振動遮断の壁を作るなどの工夫を凝らし、ほとんど影響がないレベルまで減衰させている。
こうした長年の努力の積み重ねで環境に優しい新幹線を実現することができた。

さらなる広がりを見せる新幹線

八戸の開業ができた当時は、青森までの計算で四時間二七分かかっていたものが三時間五九分に短縮されたが、青森まで新幹線が行くようになると三時間二〇分で収まる。さらに、新しいE5系の車を使うと、三時間程度で青森まで到達できるようになる。将来は、あと一時間足し、青函トンネルを経由して函館まで行けるようになるとされている。これが、さらに札幌まで到達したときには、東京からの東北新幹線を全て見直せば、札幌まで四時間をクリアできるようになる。現在、その工事が全体として計画されている。「整備新幹線は造ってもまた赤字になるのではないか?」「東海道や山陽ほどの利用客はいないから、また赤字を積み重ねるのではないか?」と言われていたが、このようなスピードアップ、速度効果により、先行して開業した区間の乗客数が着実に伸びているという実績も既にある。

例えば北陸新幹線の場合、開業前が一万九千人だった乗客が着実に増えて、開業直後には二万四〇〇〇人の二五パーセント増となり、最近ではまた一〇パーセント増えて二万六〇〇〇人と、開業からの八年で四割近く増えているのである。また、東北新幹線の盛岡―八戸間では、当初七六〇〇人しかいなかったのが、今では一万一五〇〇人と五一パーセント増、五割増しの乗客数となっている。三沢飛行場や青森空港の利用者の相当数が新幹線に移っているようで、これは、新幹線の安全性・安定性とサービス面の良さ、あるいは車の乗り心地などによるものと推測される。

さらに、平成一六年三月に九州新幹線の一部が開業したが、ここも三九〇〇人から八八〇〇人へと、二三〇パーセントくらい乗客が増えている。ここは八代から西鹿児島と、尻尾のほうから開業した特別なスタイルを取っているが、新八代駅で「対面乗換」という一つのホームの両側に新幹線と在来線が並んで着くようになっており、新幹線の乗客は必ず在来線に乗り換えたときにも座席が確保されていて、在来線の乗客は新幹線に乗り換える時に何号車の何番席が自分の席であるということが予め切符に刷り込まれている。一枚の切符で新幹線と在来線を乗れるようなシステムを一緒に開発した「対面乗換」、そのハード・ソフトの両面のサービスにより、開業以来、時間短縮と相まって乗客数が増加しているものと考えられる。

北陸新幹線、東北新幹線、九州新幹線、その三つとも黒字で好評を得ていることなどから、「整備新幹線を造れば造るほど赤字がまた増える」という指摘は間違いであり、新幹線は採算が取れ、ＪＲにも、乗客にも、地方にもありがたい鉄道システムで、国としても税収効果が上がるので、公共事業として大切にしなければならないという話になってきているのである。

見直される新幹線の公共事業

こうした実績、経緯などもあり、平成一九年度の予算は概算要求一六パーセント増で要求したのが、満額付けてもらえることとなった。概算要求というのは大体多めに要求してそれを査定するというのが財務省の方針で、通常なら全体平均してマイナス三パーセントは切られるのだが、新幹線だけは、要求通り満額の予算を付けてくれたのである。論より証拠、実績のある新幹線に対して、近年は、新聞などのメディアや評論家が新幹線の悪口を言うこともなくなり、財務当局も十分新幹線の持つ特性などの効果を認めている。そして、全体として公共事業が減少していく中、効果が上がる公共事業として新幹線はもっと重点的に予算を配分してはどうかという流れになっている。

そういう意味で、運動のあり方も、従来の「あれもこれも一緒にやってくれ」というかたちではなく、「他は少し我慢しても、新幹線はぜひ付けてほしい」という運動を進めたほうが良いのではないかと思われる。特に北海道の場合、北海道の道という特性があり、地方の自治体であると同時に北海道全体に開発予算というものが国のほうから付いている。以前より少なくなったとはいえ、六〇〇〇億円近いお金が投入されているのだから、北海道の地元の声が「新幹線に回してくれ」となれば、財源としては十分ある。年間一〇〇〇億円ずつ新幹線に回せば、北海道新幹線は、一〇年で出来上がることになる。

これからの公共事業のあり方、国の予算の組み方というものは、選択と集中に徹し、良いモノをしっかり選択して、それに集中的に投資をするということが大事な予算編成の原則になっていくと思われる。それを進めるためにも、地元として何をしたらいいかという点も大切になる。例えば、まず、新幹線に沿って用地が必要になるので、用地買収については全面的に協力をし、用地交渉に手間をとって仕事が進まないということをなくすことなどは重要になるだろう。高度成長時代には「用地が買えれば公共事業はもう半分できたようなものだ」と言われたが、用地買収が円滑にいくということが第一条件となる。また、車両基地などにはまとまった土地が必要になるので、そういったところも農地を転換してもらう必要が生じる。

地域の土地を鉄道用地にするように転換してもらう都市計画の変更や、道路や水路を付け替える道水路付け替えの仕事なども出てくるが、こうした設計の協議に円滑に応じてもらうことが、やはり地元として最も重要な点になってくるだろう。

そして、将来新幹線が開業した時に、大勢の乗客が訪れ、魅力のある地域にしていかなければいけない。自分の街や村はどこが面白く、何を見てほしいか、あるいは何を食べてもらえると一番良いかなど、それぞれの地域がさらに工夫していく必要もあるだろう。「あそこに行ったらあのラーメンを食べたい」「あそこへ行ってあの宿に泊まりたい」「あのお店に入ってみたい」「あの地域に滞在して観光したい」「あの山に登ってみたい」、こういう声が聞かれるような特徴のある地域づくりを心がける必要がある。これからは、地域間競争の時代となるであろうし、そこの「土地らしさ」や特徴をどれだけ日本中にアピールできるかが地域の成功のカギとなるだろう。さらに、「ビジット・ジャパン」で訪れる外国からの観光客も含めて売り込んでいくことも大切になる。特に東南アジアはこれから所得が上がってきて、日本に来る観光客がどんどん増えていくと予測されている。

そして、何よりも大事なことは、よそから来たお客さまを大事にする「おもてなし」の心をみんなで心がけて「ようこそいらっしゃいました。どうぞひとつ楽しく愉快におすごしください」という気持ちを皆で持ち合うということで、それがこれからの地域の発展のためにはなによりも大事なことであろう。

第七章　各線区の展望

800系 つばめ

整備新幹線予算の推移と展望

整備新幹線の着工を決めた政府与党の検討委員が打ち出した財源方式は当初ＪＲ五〇％、国三五％、他一五％の枠組みだけで、財源については明確な方策を示していない。

しかし民営化したＪＲは、国鉄時代に受けていた防災補助金のうち、河川改修費を民鉄ルールに乗換えることにより、国五〇対国鉄五〇から国九〇対ＪＲ一〇の比率に大幅に軽減され五〇億円程度余裕が生まれ、これを原資に着工当初予算一二〇億円を組むことができた。新幹線の建設がスタートできたことは民営化の果実の一部と言える。

しかし防災補助金は限界があり、次の大きな裏付けは前述のように、東海、山陽、東北、上越の既設四新幹線のＪＲによる買取差益の活用であり、再々評価差益一・一兆を六〇年間に亘って元利均等で支払ってもらう鉄道整備基金を作ったことが大きな前進となった。毎年七二四億円は前半の部分を新幹線へ、後半の部分を都市鉄道（ＴＸ等）へ充当することとなり、長野、東北、九州の三線逐次着工が可能となった。

平成三年に長野冬季五輪が決まると大幅な予算増加が必要となり、財政投融資を活用して、五年間に約二八〇〇億の借入を行い平成九年の工期に間に合わせることができた。

現在、長野、八戸、八代までの開業に伴う貸付料はこの償還にあてられている。

予算面での大きな前進は、平成八年の政府与党の合意により、整備新幹線を国の公共事業として位置付け、国三分の二、地方三分の一、ＪＲは受益の範囲の貸付料と定め、所要の法改正を行ったことである。国と地方の財源は民営化によって生じた、国と地方の新たな税収増加の一部を充当し、他の公共事業に負担を掛けず、ＪＲは建設段階では費用の負担がなく、明確に上下分離のルールを作ったことである。

この予算方式により、整備新幹線は全線に亘り採算の見通しが立ち、当初目標とした三線五区間のうち、長野、八戸、八代の開業に漕ぎつけることができた。

整備新幹線は造っても赤字になるのではないかという世評を見事に履し、開業した三線区とも黒字基調に発展していることは貴重であり、今後の建設推進に明るい希望を持つことができる。

平成二二年末には青森の開業、二二年度末には博多の開業が見込まれ、ＪＲ九州はこれにより株式上場の可能性が見えてきたことは喜ばしい。

未曾有の経済危機を克服するため、内需拡大と雇用の創出に加え、環境にやさしい新幹線の予算は最重点施策として評価され、平成二一年度は一一〇〇億の補正を上積みされ、総額四六〇〇億円に達している。

いまこそ新幹線は日本再生の切札として推進し、明治の鉄道が日本の近代化を進めたように再び日本の、活路を拓く担い手となるだろう。

これからの新幹線は、さらなる速度向上と安全性の追求に努め、環境の時代の輸送機関として国の内外で一層発展することが期待されている。

北海道新幹線

予算面の手当と併行して、各線区別に状況を見ていくと、北海道は平成一七年度から手をつけて平成二一年度で五年目になるが、当初の三〇億円が逐次増え、二年目は四〇〇億円超と、まずは順調に伸びているのだが、ここへきて様々な課題も出てきている。

北海道新幹線は新青森から新函館までの一四八・七キロメートル、約一五〇キロメートルのうち青函トンネル五三キロメートルを含む三分の二の九五キロメートルがトンネルとなっている。青函トンネルは既に完成しているが、レールをもう一本敷設して三本レールにしなければいけないという課題や、貨物列車と新幹線とを同じトンネルの線路の上を走らせるという問題もあり、これがこれから大きな課題となってくる。

まず「運行速度の問題」だが、貨物列車は大体時速八〇—九〇キロメートルくらいでしか走れないが、新幹線は少なくとも時速一六〇—二〇〇キロメートル、できれば時速二六〇―三〇〇キロメートルの速度で走っていきたいということがあり、貨物と新幹線には大変な速度差が生じてしまうのである。これではダイヤが平行にならず、一時間に一本程度の新幹線しか走れなくなってしまう。もう一つは「すれ違い問題」で、貨物列車と新幹線がすれ違うことはこれまでなかったことで、それがごく接近したかたちですれ違うことになると、風圧によって貨物列車の荷崩れやコンテナの転落等が予想され、大変な事態になりかねない。こうした問題を考慮し、いま考えられているのが貨物列車をそのまま新幹線台車に積み込んで、新幹線としてトンネルの中を走らせる「トレイン・オン・トレイン・システム」である。これならば時速二〇〇―二六〇キロメートルという相当なスピードで走らせることができ、平行ダイヤも可能となり、一時間に二〜三本と列車本数も増やすことができるようになる。したがって、北海道新幹線はこのシステムを完成させることが最大の目標で、函館までの開業の目標である平成二七年度までの約五年間にその目処をつけて実行することができれば、青函トンネルの利用価値は格段に飛躍をすることになるだろう。

現在、北海道と本州の間にはフェリーボートが一日五〇本程度往復しているが、新幹線に車を積んでトンネルを走る「シャトルトレイン」というものができれば、五〇本のフェリーボートの利用客のうち、三分の一とか半分が、新幹線に移ってくるだろうとの期待がある。もし可能になれば、鉄道の機能だけではなくて道路機能を併せ持つようになり、トンネルの利用価値効果がさらに高まることになる。既にヨーロッパのユーロトンネルでは、非常に効率よくシャトルトレインを動かして、乗用車、貨物自動車、トレーラー、バス等を運んでいるが、そういった機能を持たせることによって、青函トンネルの効果を最大限に拡大することができるようになる。

ただし、実現にはトンネルの両端に積み替えに要するための基地を造らなければならず、その基地の広さは、一日三〇〇本ほどの「シャトルトレイン」が動いているユーロの場合、フランス側のコケルという所で六五〇ヘクタール、イギリス側のフォークストンという所で一五〇ヘクタールと広大な面積となっている。青森から新函館までの間に、そういった適切な基地が確保できるかどうかが今後の課題だが、同時にそれをうまく鉄道に乗せるためのシステムを作り上げていかなければならない。在来の貨物列車を飲み込む新幹線方式の「トレイン・オン・トレイン・システム」に加え、「シャトルトレイン」を走らせ、新幹線とトンネルを活用するという課題が持ち上がっているのである。新幹線、貨物列車、シャトルトレインと、それぞれの速度も含め、技術的にしっかり解決し、目処をつけてからなければならない。

ちなみにこのユーロトンネルの場合には、「単線並列」という単線のトンネルが二本並んでいるため、すれ違いの心配はまずないのだが、追い越し問題は依然として残っている。同じレールの上を新幹線、シャトルトレイン、貨物列車が走るため、速度差をあまり大きくできないということで、ユーロスターが一六〇キロメートル、シャトルトレインが一四〇キロメートル、貨物列車が一〇〇キロメートル前後と、その三つの速度差をうまくコントロールしながら利用をしているのである。そして、ヨーロッパの場合は、単線の途中で分岐器が三箇所入っており、その三箇所で反対方向に切り替えることができるため、単線並列というメリットを十分活かして保守管理・維持管理を行っている。これは毎日の問題だが、年に一回は全体が休んで点検をするということもやっている。

日本の場合、現在の利用状況を調べてみると、今は八〇本程度の列車が走っているのだが、それに新幹線、シャトルが入れば百数十本から二〇〇本くらいの列車が走るようになってくる。今の青函トンネル一本では足りなくなる時期が来て、もう一本の青函トンネルを新設することが必要になると考えられるため、その対応策を今の段階から考えておくことが求められている。

現在あるトンネルの斜坑、立坑、水抜坑、作業坑、避難用やその他の通路も含め、その全ての利用活用が可能であり、新しくトンネルを掘るために必要なサービス・トンネルの機能は、相当に役に立つであろう。また、断層とか湧水とかそういった危険な箇所についてもある程度は分かっているため、二本目のトンネルというのは当初よりも割安に、しかも早く施工ができる。

北海道新幹線は様々な課題を抱えながらも、順調なスタートを切ったが、北海道としては札幌への延伸が何としても望まれるところである。

東北新幹線

東北新幹線はいま八戸まで開業しているが、今度は延長にして八一・二キロメートル、新青森まで延ばそうとしているが、そのうち五〇キロメートルがトンネルである。そのなかには二六キロメートルの八甲田トンネルもあり、これは複線トンネルとしては目下世界一となっている。既に無事貫通し、軌道工事その他の準備に入っているので、平成二二年度中には開業できるという見通しの下に、現在最後の仕上げを急いでいるところである。用地も確保済みで、工事は全て発注済み、残工事も順調に進み駅舎等も開業に向けて準備を進めており、試運転を済ませれば予定通り開業できるであろう。

今後、北海道へ延ばしていくためのアプローチでもあり、新青森が開業した際は、そこからどう北海道に向けての列車をうまく乗り換えて出せるようにするかが課題となる。八戸のようにスムーズに乗り換えができれば良いが、残念ながら新青森は新幹線と在来線が直角交差しているため、簡単にホームからホームへ乗り換えるというわけにはいかず、一度降りてから立体交差している在来線に乗り換えてもらうという厄介な問題が出てくるのである。この点は、これからの工夫のなかで解決していく必要があるが、もう一つ大きな課題として、青森まで到着するときには東京から三時間程度で到着できるようにＪＲの首脳は既に公表しているため、それを裏付ける列車として「Ｅ５系」の高速車両を開発し、現在、東北新幹線で試験走行を繰り返しているのである。時速四〇〇キロメートル以上のスピードが出ることは既に分かっているのだが、どうも時速三二〇―三三〇キロメートルを超すと騒音・振動等などが基準のなかで収まるかどうか厳しい数字が出ているようで、この辺りの改良が鍵になるだろう。

ちなみに、フランスのＴＧＶという新幹線は、二〇〇七年六月に開業したストラスブール線という東のほうへ向かう線路で三二〇キロメートルという営業運転をすでに実施しているので、さらにそれを上回る三六〇キロメートルがあと二年先に実現できれば、その時点では少なくとも日本は世界一の新幹線ができあがったと言えるが、これから大事なことは環境基準をしっかりと満足なレベルでクリアできる点で、そのための新しい技術がさらに必要になってくるであろう。それが難しい場合、外部対策で周辺にある家屋に対する防音工事、障害防止工というようなやり方も考えなければならず、両用の構えで進めることが大切である。

もう一つ、東北の場合に厳しいのが、北へ行けば行くほど人口が少なくなり、利用者が減ってくる点である。このため、並行在来線を分離するという大方針でやっており、現在、青森県は八戸から南のほうを青い森鉄道というかたちで並行在来線の経営をしている。このやり方は、線路その他のインフラ部分を青森県が所有、維持管理も含めて全て担当して、上を走る青い森鉄道は運行だけに責任を持つというように、上と下を分離した「上下分離方式」を導入して運営しているのである。八戸から北の新青森にかけての部分についても、そのかたちが想定されているが、経営的に非常に厳しい状態となっているため、何らかの方策で、この鉄道が健全に経営できるようなやり方を工夫することが大事になるであろう。

全体としては飛行機やバスからの利用客の移転とか、新しく開発されて出てくる利用者の増加も含め、新幹線の収益力は相当に大きなものがあると想定され、その利益を全体として及んでいくようなシステムを考えれば全体として採算は十分取れると見込まれる。また、貨物列車が一日約五〇本とかなりの数が走っているので、貨物にかかる経費を徴収することも考えるべきだろう。改革の時に「アボイダブル・コスト」という回避可能経費だけを貨物列車にかけていたが、後にそれを「フルコスト」として使用料を徴収し並行在来線を支援することにしたが、今後はさらに資本費用の負担も含めて考え、ＪＲとの協力で、ある程度の収益力が並行在来線にもついていくようなやり方が考えられる。合理的に運営している青い森鉄道がなかなか厳しい状況なので、運営可能な支援策が、今後の課題となるだろう。

北陸新幹線

北陸新幹線は既に高崎と長野の間が開業して順調に伸びているが、これからの課題は、長野から上越、さらに上越から富山、そして富山から金沢へと延ばしていく全長一三一・一キロメートルの大線区の開業であろう。北陸はトンネルが全体の三分の一くらいあり、残りは橋梁高架橋等の構造物で成り立っているが、既に用地の九〇％以上を確保し、工事も全体の八〇％は着工済みで、一番の課題であった飯山トンネル（二二キロメートル）は既に掘削が完了して、軌道や電気の工事を始める予定となっている。

これをまずは順調に進めることもあるが、平成二二年に開業予定の東北や九州から四年後の二六年開業では遅いので、「もっと早くしてほしい」という要望もある。しかし、富山駅を連続立体交差事業で在来線を高架にしながら切替えて隙間をつくり、そこにまた新しい高架を造って持ち上げ、一線ずつ切り替えながらやるという難しい仕事があるため、やはり平成二六年までかかるという見通しとなっている。ここの部分が短縮されれば、他の箇所も急いでやることで工期を短くできるが、現実的には厳しい状況である。

また、富山、石川はもうスタートを切っているが、福井県はまだ駅だけしか工事が行われていないので、福井の駅の仕事だけでなく線路もつけて、福井も石川、富山と一緒に同時開業できないかという要請が非常に強くある。しかし、これは線路を延ばすだけで財源的に八〇〇〇億円以上のお金がかかり、難しい。むしろ、福井駅も含めて敦賀くらいまで一緒に開業することがこれからは大事で、次回の見直しで検討すべき点であろうと思われる。

特別な問題としては、福井の駅に乗り入れていた越前鉄道を、高架の上で福井駅が受け止める計画になっていたのだが、新幹線が高架部分を使うことが決まり、越前鉄道は必然的に地面にまた戻さなくてはならなくなったのである。そこで、近年非常に注目されてきた「ＬＲＴ（ライト・レール・トランジット）」にして、街のなかに空いている道路を使って福井の駅の中心にアプローチができる方式に切り替えたほうがいいのではという案が出ている。その先例が富山港線で、富山駅に乗り入れていたものを切り離し、道路を利用して都心にルート変更をした結果、利用客が増えたのである。車椅子でも簡単に乗り込めるということもあって好評を博しており、越前鉄道もＬＲＴに切り替えるよう提案をしているところである。

北陸で難しいのは、並行在来線が二三〇キロメートルも続くため、その経営をこの線区一本でやるか、あるいは県ごとに切っていくかという点である。東北の場合には青森県と岩手県は別々の会社を作っており、九州では熊本県と鹿児島県の両県をまたがる「肥薩おれんじ鉄道」という会社一本で運営をしているが、北陸の並行在来線をどんな形態で経営していくか、そろそろ合意形成を図らなければならない時期となっている。その時に問題になるのが並行在来線だけではなく、「枝線問題」である。北陸線からは、城端線、能登鉄道、富山港線などが枝分かれしており、その他に連絡しているものとして大糸線、高山線、越美北線など色々とある。それをＪＲ側としてはできれば切り離してしまいたいと期待をしているが、地元は「それはもう新幹線とは別の話だ」と言って拒否している。この問題に早く目処をつけ、どのようなかたちでこの枝線の経営をやるかを決めなければ、本体の新幹線にもそれが影響して計画が遅れる恐れもある。

さらに大きな課題としては、敦賀まで行ったあとの大阪に向かうルートである。現在の整備計画では敦賀から大阪までは、京都の亀岡辺りを経由して高槻のほうへ出て大阪へ行くルートが整備計画となっているのだが、このルートは山の中を通っていくため、お金のかかる割に利用客が少ないのである。距離にして一三〇キロメートルもあり、一兆円の工費もかかり利用客が多い大きな町としては小浜と亀岡しかない。それよりも敦賀から湖東線の沿線を通って北陸本線沿いに行き、米原へつくように変更すると、延長は四六キロメートル程度で、工事費も三分の一くらいの、三〇〇〇億―四〇〇〇億円と安くできる。しかも米原へつけることで、名古屋の利用客が新幹線で北陸にも行けるようになる。費用対効果だけでみても五倍くらいの違いが出てくるので、鉄道としては米原へつけるのが最も効果的である。

しかし、滋賀県では、二四〇〇億円程度の新幹線の南琵琶湖駅すら「もったいない」ということで止めると言っている状況からすれば、北陸新幹線の大きな負担をやれるかどうかは、大きな課題になっていると言えよう。

小浜という所が日本海側にあるが、ここから鉄道で関西へ出ようとすると、一回敦賀まで戻り、それから北陸線に乗るという大変な遠回りになるが、ひと山越えて湖西線の近江今津駅に出られる線路ができると、京都へ約一時間、大阪まで九〇分くらいで到達できるので、これは新幹線よりも便利に使えるという意見が大勢である。湖西線の近江今津駅から小浜線の上中駅に至る今中新線通称「琵琶湖若狭湾鉄道」という線路を造ることが先決であり決定的であると期待されているのである。これは約二〇キロメートル、五〇〇億円程度のお金ででき、また「都市鉄道等利便増進法」という法律もあるので、その適用範囲を拡大してもらえれば一気にやりやすくなる。

こうした面での工夫が敦賀から大阪までの間では必要になってくるであろうし、そのために必要な財源の工面が最も肝心となるだろう。

九州新幹線

九州新幹線博多ルートは、既に八代から鹿児島中央までは開業しており、とても順調に運営をしている。残りの八代から博多まで、一二一キロメートルの三分の一はトンネルで、また、この地域は非常に都市化が進んでいるので、高架橋や普通の一般高架、一般橋梁なども多くある。用地は全体の九九パーセントがもう確保済みで、工事は一〇〇パーセント着工し、仕事の進捗率は九〇パーセントほどであるが、工事費の値上りに対応するため、北陸新幹線と併せ、予算の確保が最大の課題になっている。また、工事として難しいのが博多駅で、在来線が使っている線路を切り替えながら新幹線のホームを造る余地をつくらなければいけないのである。博多駅の改良工事と熊本の場合には、連続立体交差事業と一緒にやっているので、その仕事と併せて新幹線の仕事をするという難しさが最大の課題である。

これは、都市土木の仕事になってくるのだが、それが出来上がった後の問題として、やはり関西までの列車が必要となるため、九州の島内だけのダイヤではなく、新大阪発・熊本行き、あるいは鹿児島行きの列車も出すことで検討が進められている。車両は取り替えなくてはならないが、現在のひかりレールスターを延長することで、新幹線ルートに沿った直行ダイヤが利用可能になるのである。現在三〇〇キロメートルまで走っている山陽新幹線だが、既に時速三六〇キロメートルで走れる列車が開発されているからには、山陽も三五〇―三六〇キロメートル出せるような線路に改良することで飛行機に対する競争力もついてくると考えられる。

長崎ルートは今の長崎本線からやや離れた所を通るということがあり、現在の在来線を抱えている鹿島市や江北町が反対し、着工できない状態が続いたが、ＪＲ九州と、佐賀、長崎両県が協議し、列車の運行をＪＲが引き続き行うことで合意が成立した。インフラの費用は両県が負担し上下分離の形になっているが、並行在来線の在り方について新しい型が出来たことになりこれからの議論の参考になるケースである。

貨物輸送の現状と将来

国鉄改革の議論の中で貨物輸送のあり方は難しい課題であった。

旅客輸送は本州三社と三島に分け六社の地域分割が妥当であることが合意される中で貨物輸送は足の長い特性に配慮し、全国一本で経営することが合理的であるとされ、現在の全国一社の貨物会社が誕生することになった。

貨物専用の駅や、操車場は貨物会社が所有し管理するものの旅客と共用になる線路は旅客会社から借用する形をとり、線路使用料を極力軽減するため、回避可能経費（アボイダブルコスト）を支払うこととして経営の安定化に配慮している。

厳しいトラック輸送等との競争市場の中で努力を重ねてきた貨物輸送であるが、今後の環境対策に配慮したモーダルシフトは一層の進展が期待されている。

整備新幹線の進捗に伴い並行在来線の線路容量に余裕が生じ、貨物列車のダイヤ設定がやり易くなることは大きなチャンスである。

長大線区である東北、北陸、北海道の各線区はこの機会を生かし、貨物列車の輸送力を増強し、地域経済の活性化を図ることが重要である。

このため並行在来線の経営が健全に行なわれるように収支両面から適切な支援を行い新

幹線と共々安定した経営を保障する必要がある。

これまで貨物の線路使用料をアボイダブルコストからフルコストとすることに加え、資本費用に配慮することが合意されてきた。

これからは客貨を併せ、並行在来線の収支について合理的なルールを作り、地域の足の確保と、貨物ルートが適切に維持できるようにすることが重要であり、関係者の一層の協力と努力を期待するものである。

整備新幹線の促進

現在、私が新幹線を望む地方の要請を受け、また自らも心がけている仕事が整備新幹線の促進である。新幹線全体の一五〇〇キロの中で、北海道、東北、北陸、長崎、鹿児島などの建設を正に進めている最中である。

線区別では今、北海道は函館まで工事中で、さらに札幌まで伸ばさないと本来の北海道新幹線の意義がない。できるだけ早い機会、ここ一、二年の間に何とか札幌まで到達できるような新幹線計画を具体化したいと思っている。千歳の飛行場は吹雪があり、繁忙期はトラブルが多くて混雑がひどいため、新幹線と飛行機と半々、どちらでも選択できるようにし、現在一〇時間近くかかっている東京から札幌までの時間を半分以下に短縮したいと考えている。

東北は青森まで工事中であるが八甲田トンネルが貫通し、順調に進んでいる。

北陸は金沢まで工事中だが、これは将来敦賀まで進め、やがては大阪まで行けるようにする。仮に東海道新幹線が大きな地震や火山が噴火、あるいは津波などで長期的に止まっても、北陸を経由することによって日本の東西の交通が確保できるようになる。こういう意味で、どうしてもバイパスルートが必要となるし、北陸の地域振興のためにも非常に役に立つ。今の北陸新幹線は小浜をまわって亀岡あたりから高槻、大阪というのが計画のルートになっているが、これを米原へつけることによって工事費は安くなり、利用客が五割程増すとされ効果的である。

鹿児島ルートは平成二二年に博多まで開業するが、八代～鹿児島中央は博多までつながると、今度は新大阪くらいまでは新幹線が便利になり、熊本あるいは鹿児島から新大阪あたりへ来る列車も作れるようになる。今まで空に奪われていた乗客が鉄道に戻ってくることも期待できる。

現在、大宮―東京間の新幹線は、複線しかないが、東北新幹線と上越新幹線、北陸新幹線、山形、秋田も乗っているので、線路容量が限界である。大宮と東京の間は一時間に一五本、四分間隔くらいで列車が走っているが、最も列車の欲しい六―八時台の朝の時間帯に増発の余地がほとんどないという状況。これから北海道へ伸びたり、北陸に伸びたりしていく中で、どうしても大宮から東京まで、もう一つ複線が必要となる。もともと上越新幹線は新宿から始発するということになっていて、それが県南三市の反対のために、結局、東北の今のルート以外にはできなかったのである。当座はそれでよかったが、いよいよ建設しなければならない時期となってきた。

今の東北ルートは、東京―大宮間を時速一一〇キロでゆっくり走っているため、三一キロで二六分かかっている。始発を新宿にすると二七キロとなり時速三〇〇キロ、一〇分ぐらいで走れ、一五分以上の短縮が可能となる。線路容量の確保と時間短縮の両面から、新宿～大宮間を当初の計画通りに建設する必要性が高まってきた。

リニア中央新幹線

東海道新幹線は好調で、特に品川にも新駅ができのぞみ主体の列車体系となり、一時間一五本体制という形がとれるようになったが、これもやがては行き詰まる。

東海大地震とか富士山の噴火、あるいは東海・東南海の大津波などが来た場合も考えると、これに対処するバイパスとしては、前述した北陸新幹線だけでは足りず、やはり、東京～大阪を一時間程度で結ぶリニアモーターカーによる中央新幹線がどうしても必要となる。

そのための実験を今、山梨でやっているが、試験路を現在の一八キロでは十分でないので、今度、四二キロに伸ばして本格的な試験をしようと準備に入っていくことになる。その結果を見極めた上で、いよいよ東京―大阪を一時間で結ぶことになるが、そのためにはまず、コストを安くする必要がある。今の新幹線はキロ六〇億円だが、リニアでは一二〇億円と倍くらいかかり、車両も今の新幹線に比べリニアは四倍から五倍くらい高くなる。現在高温超伝導、高い温度の超伝導の材料を開発しているので、やがて相当なコストダウンも可能となるだろうが、鉄道として使うためにはそれを規格としてきちんとしたルールで作る必要もある。

ドイツのリニアの事故をみると、安全性もあわせてしっかりした基準を作っていくことが作業としては重要になる。東京、名古屋、大阪いずれも大都会であり、私が提案した大深度地下、地下四〇メートル以上のところを通ることができれば、補償をせず用地代を払わずに通過することができる。このルートの研究と大深度で通したときの問題点を今から見極めておくことが大事である。また、東京、名古屋、大阪のターミナル駅をどこにするのが一番いいかという点も、地下深くになると思われるが、ターミナルの位置によって非常に使い勝手がよくなったり悪くなったりするため、東京が特に大事だが、どこにつけることが最も効果的であるかという研究、勉強をしておくことが、今から重要な課題である。

第八章　新幹線の地震対策

E5系　はやぶさ（東北新幹線）

地震対策——新潟県中越地震の影響

平成一六年一〇月二三日一七時五六分、新潟県の長岡および小千谷の東方約五キロメートル、中越地方を震源とする大地震が発生した。マグニチュード六・八、震度六強という数字が報告されたこの「新潟県中越地震」では、東北・上越・長野新幹線が影響を受けたが、特に上越新幹線では、浦佐と長岡の間を走っていた「とき三二五号」が、二〇七キロメートル付近で脱線するという事故が起きてしまう。走行中の新幹線が地震で脱線をしたというのは、今回が初めてのケースとなった。

地震発生の直後、非常ブレーキをかけながら一・八キロメートル走行して停車した「とき三二五号」は、脱線した列車が「スラブ軌道（鉄道の線路あるいは軌道に使われる道床の一種）」の上を車輪がそのまま直接走るというかたちで止まったため、幸い、転覆を免れた。また、この脱線事故が起きた時、たまたま対向列車がなかったため、衝突事故が起きなかったというのも不幸中の幸いであった。一五一名の乗客にケガはなく、停車後に新幹線から全員無事に避難することができたのであった。

この脱線事故を受け、「これからの新幹線はまず脱線しないように作る」という構造を第一に考える点に加え、「仮に脱線したとしても大きく車が線路の外へ逸脱しない仕組みを考える」といったことも大変重要であるということがはっきりしたのである。そのため、これから新しく作る新幹線、あるいは現在ある新幹線をどのようなかたちで改良し、補強していくかということが大きな課題として持ち上がってきた。

東海道新幹線が走り始めた時も、「仮に東海地方の地震が来たらどうなるか」「関東大震災級の地震が来た時にどうなるか」ということは大きな課題であり、当時としてはできるだけの備えはしていたのだが、やはり〝今日の視点〟から見ると、いくつかの問題点が浮き上がってくるのである。過去二〇年間に随分と工夫をし、補強をしてきた新幹線の地震対策ではあったが、新潟県中越地震による脱線事故が起きてからは、新幹線の脱線対策には、とにかく安全・無事に停車できるシステム（ソフトランディング）を確立することが緊急の課題となったのである。そして現在、国土交通省を中心にＪＲ東日本や鉄道総合技術研究所など関係者が集まって議論を進めている。

この地震対策に関連した議論の一つに、「新幹線の構造物に多少傷がついても基本的に壊れないようにすることが大事である」という考え方がある。例えば、橋梁が落ちないようにする、高架橋が崩れないようにする、トンネルの断面が破壊しないようにする、斜面が崩れないようにする、というような一連の対策が必要であるという考え方である。

特に今回の脱線事故を振り返ってみると、「とき三二五号」は、ちょうど高架橋の上を走っていたのだが、この高架橋の一部の柱についてやや問題があるということで、たまたま事前にいくつか補強をしていたのである。中越地震では、こうした事前の備え、補強の効果があったわけだが、仮にそのような補強を行わず阪神淡路大震災の時のように高架橋が落橋し、崩れるようなことになっていたら大惨事になっていたであろう。

まず、構造物が基本的に壊れないようにすることが大切であり、橋でいえば落橋防止の対策を取り、高架橋でいえばそれが崩落しないように補強するなど、不断の努力や備えが災害時には非常に効果を上げるのである。今回の「とき三二五号」の脱線事故の例は、不断の努力を積み上げた上に幸運が作用したと言えるだろう。

新潟県中越地震が起きた翌月の一一月、「世界の高速鉄道会議」が東京で開催され、世界中から関係者が集まったが、その席で専門家の多くは中越地震の脱線事故に触れ、あれだけの地震で脱線をしながら乗客全員にケガもなく、無事に収容ができたのは「素晴らしい技術」であると賛辞まで頂いたのである。

ほめられた関係者としては、死者どころか一人のケガ人も出すことなく収まったのは、「幸運の一言に尽きる」と考えているが、今後の課題としては今回の教訓を活かし、今後どのような対策を具体的に立てるかということが、現在一番の課題となっている。

阪神淡路大震災の教訓

兵庫県淡路島北部を震源とし、マグニチュード七・三、震度六強―震度七という揺れが観測された「阪神淡路大震災（兵庫県南部地震）」が発生したのは、平成七年一月一七日の早朝、午前五時四六分であった。新幹線の列車が発車するのは朝六時であり、その約一五分前に大地震が発生したというのは非常に幸運であったと言えよう。

阪神淡路の大地震では、高架橋が五―六箇所（尼崎から西宮にかけて数箇所）も落橋しており、もし列車が走っていたら大惨事になっていたであろう。私自身も現地に飛び、あの大変な惨事を詳細に見てきたが、当時の高架橋はあのクラスの地震に対しては脚が弱いということが判明したのである。そこで、阪神淡路の大地震の教訓から高架橋の脚の部分を中心に鉄板で巻き、コンクリートを注入して補強するという対策を講じるようになったのである。

当該箇所はもちろん、それに該当する同じような場所や同様の設計となっている所を、JR西日本、JR東海、JR東日本の全線にわたって補強を進めていくこととした。そして、その補強した部分に、新潟県の中越地震が起きたのだが、こうした補強をすることである程度の地震対策は講じられるということが証明されたのであった。

阪神淡路と中越の両地震とも直下型の地震で、断層のあるところから地震が発生し、すぐ下から振動が出てくるためほとんど事前の予知・予測ができない。したがって、そういう地震に対しては構造物そのものを強化し、耐震強度を上げることでしか対処できないのである。

新幹線には、東海道新幹線をはじめ「ユレダス（UrEDAS…Urgent Earthquake Detection and Alarm System）」と呼ばれる「地震動早期検知警報システム」が装備されている。また、これを改良した「テラス」というシステムも稼働を始めた。だが、実はこうした警報装置も直下型地震には対応できないのである。

阪神淡路や中越のようにすぐ下に震源があって発生する直下型地震と異なり、日本で発生する大きな地震（関東大震災など）は、太平洋側にある日本海溝からプレートとプレートがぶつかり合って海底にもぐり込み、そのもぐり込みが何十年、何百年といったある一定の年月が経つといっぺんに跳ね返って持ち上がって発生する「プレート型の地震」が多い。このプレート型の場合、発生した地震波の中でスピードの速い「縦波（P波）」を検知し、後から遅れて来る「横波（S波）」、〝本震〟に対して非常ブレーキをかけるという対応が取れる。時速二七〇キロメートルで走行している新幹線も、このP波を素早く検地できる「ユレダス装置」を各変電所に付けることで、大きな揺れが来る前にかなり減速が可能となり、大惨事を未然に防ぐことができるのだ。これは既に何回も作動して実績も上げている仕組みだが、直下型地震の場合、すぐ下からP波もS波も一緒に来るということで機能しないのである。そこで、直下型の地震に対しては、構造物そのものを強化するしかないのだ。無論、どんなに耐震強度を上げても、何百年に一回あるかないかというさらに大きな地震が来ればどうしようもないが、通常の震度六強から七くらいの地震では崩れない、破壊されないということを目標にした設計で、これまで臨んできたのである。ところが、阪神淡路では数箇所の高架橋が落ち、脚が崩れたのであった。

より明確になった新幹線の地震対策

阪神淡路大震災が起きた時、私は直ちに現地に飛び、現場を見て回った。そこでは、無残にも高架橋が崩れ落ちていたのだが、詳細をよく見てみると、どうも高架橋全体ではなく脚がグズグズと壊れている。専門的には「剪断（せんだん）破壊」と言うのだが、桁そのものはほとんど傷んでない状態で、基礎の部分も掘って調べたが問題はなく、やはり脚だけが壊れているのである。これなら脚だけ直せば大丈夫ということで、全体をジャッキで持ち上げ、枕木サンドルという足場を組み、そのサンドルで橋桁を受け直して脚の鉄筋の曲がりを直し、さらに必要な所を補強するようにしたのである。

この工事では脚の補強から始めたが、その際、桁のほうを上に持ち上げたことで、軌道（レール）はすぐそのまま復旧ができたのである。また、この工法では上の架線も復旧ができるということで、桁から橋脚から基礎から全部やり直すのに比べ、工期も費用も三分の一で済み、素早く復旧できたのである。一緒に被災した阪急や阪神に比べ、JRは、在来線も新幹線も、約三分の一の工期で復旧したのである。

阪神淡路の地震により、これまでの耐震設計の考え方が十分ではなかったということの反省と同時に弱点が分かったため、現在の高架橋をはじめとする全体の構造物の補強の方法が明確に出てきたのである。

阪神淡路の震災では高架橋の問題点に加え、トンネルについての耐震対策も発見があった。あの地区には六甲トンネルがあり、トンネル内の被害も懸念されていたのだが、多少のひびは入ったものの、抜本的にトンネルの中心線とか水準に狂いは生じず、「トンネルは地震に強い」という実績が出たのである。六甲トンネルは、多少の手直し程度で復旧、ほとんどそのまま利用できたのである。

中越の地震の場合も、トンネルはだいぶ傷んではいたが、トンネルの覆工コンクリートの表面が剝落して下へ落ちたとか、下の地盤（スラブ軌道）が持ち上がったといったレベルで、基本的なトンネルの中心線、軸は狂っていなかったのである。つまり、トンネル全体が動いたわけではなかったため、剝落した部分の補強などをすれば十分使えるということで、その程度の手直しで済んだのである。

中越地震では、基本的に構造物全体が崩れずに持ち堪えられたのが良かった点で、これは、それ以降の耐震対策にとても参考になったのである。まず、基本的に大きな橋梁の桁が落ちないための落橋防止対策を徹底すること、トンネルの場合、崩れる心配があるのは断層破砕帯である点に留意し、また、地山が弛みやすい坑口付近を補強すること、こうした課題などが明確になったのである。

また大きな地震では自然斜面、地山そのものが崩れてくるという問題も起きる。上越の場合、崩れた地山が国道を塞いでしまったわけだが、こうした現象はちょっとやそっとでは防ぎようがない。そこで、斜面や地山が崩れないように、日頃から斜面そのものを点検し、崩れそうな所は斜面の補強をしていくことが重要となる。

斜面の補強には様々な工法があるが、個々の斜面に応じた対策が必要となってくる。例えば、「切り取り」に対して「土留擁壁」というものをコンクリートで造っている場合があるが、この「土留擁壁」自体が倒れてくると大変なことになってしまう。そこで、「土留擁壁」には、地山にロックボルトを使って縫い付ける「アースアンカー」という方法で補強するようにするのである。

また、「盛土工法」という土を盛り上げて造る構造では、全体の盛土自身が沈下する、地盤が滑って盛土がひっくり返ってしまう、ひび割れが入るなど、いろんな崩れ方があるが、これを防ぐために盛土を補強し、強化することが重要になる。最近の新幹線では、盛土構造はほとんど使われておらず、高架橋になっているケースが多いのだが、それでも東海道新幹線は三割くらいが盛土を中心とした土構造物。土の構造物というのはやはり地震に対してはあまり強くないため、それが崩壊・崩落するという実例が、実は過去の地震でも何回もあったのである。

万全を期した東海道新幹線

昭和四三年、「よん・さん・とう」という目標で進んでいた東北本線の複線化工事は、「十勝沖地震」で惨憺たる被害を受けてしまう。この時、盛土構造物はしっかり補強しないと駄目だということが判明し、耐震に関する相当の研究が行われた。東海道新幹線では、この時の研究の成果を活用し、抜本的な地震対策が講じられたのである。

当時、施設局土木課長という職を私が拝命した頃に、先輩の地質の専門家から「東海道新幹線は一つ心配があるんだ」という話があったのである。

「実は、静岡付近は軟弱地盤の上にそのまま盛土をして走っている。そのため、もしあの辺で大きな地震があると、盛土全体が軟弱地盤の中へ沈下・沈没してしまう。あるいは、滑ってひっくり返ってしまったり、縦にひび割れが入って上の軌道が沈んだり、色んな形が予測されるが、十勝沖地震の時に出てきたような現象が東海道でもあり得るのだ」と。

この話を聞き、びっくりした私は現場を検証してみたのだが、やはり先輩が懸念したような現象が現実に起こり得る可能性が高かったのである。そこで、当時、生産技術研究所の所長をしておられた東京大学の地震の専門家である岡本舜三先生を中心に委員会を立ち上げ、三年ほどかけて東海道新幹線の地震対策をどうしたらいいかという勉強会を行ったのである。

この勉強会ではいくつかの対応策が出たのだが、一番効果的であったのが盛土の両端をシートパイルで締め切るという工法である。二〇—三〇メートル下の堅固な地盤までシートパイルを打ち込んで締め切っていくという方法で、具体的にはシートパイルが膨らまないように頭の部分を鉄筋で結ぶのだが、要するに、筒というか、大きな壁の中に盛土を取り込んでしまう仕組みである。

軟弱地盤で地震が起きると、盛土全体が沈んでしまったり、円形に滑って下へ落ち込んでしまったり、あるいは、盛土が縦に割れて崩れて落ちてしまったりと、様々な現象が起こり得るのである。そこで、まず硬い地盤の部分までシートパイルを打ち込み、この上をさらに鉄筋で結ぶことによって非常に堅固な基礎を作り、そして斜面が崩れ落ちないように、格子枠とかコンクリートで補強をするかたちで、斜面も補強するのである。実際のシートパイルの頭部は、太い鉄筋を横に通し、〝蓋〟のようなものが何本か横に通っているだけなのだが、地震が起きた際は、この「締め切り効果」が大いに期待できるのだ。この工法を提案し、東海道の一番弱いとされる所、約三〇キロメートルを五年かけて全て補強したのである。

この工法を開発するために、鉄道技術研究所で実物の何分の一かの築堤の模型を造り、振動台で実際の地震に近い波を加えて試験や測定をし、また、現場の地質調査も随分と行ったのである。その結果、現在の東海道新幹線は、地震に対しては相当丈夫なものになっている。

また、この内容をまとめて東京大学に提出したおかげで、私は工学博士の学位を頂戴したが、現在も、地震対策に関しては多大な関心と興味を持って取り組んでいる。

東海道新幹線の地震対策では、勉強会やこうした研究を通して行ってきたのだが、トンネルに関しても、前述したアーチコンクリートが落下しないようにロックボルトで縫い付ける補強とか、擁壁が倒れてこないようにアースアンカーを打ち付ける工法なども並行して進めてきたため、東海道の地震対策は格段に進歩した段階にあると言えよう。

現在の東海道新幹線は、震度六強―七程度の地震が来ても大丈夫と私どもは確信しているが、もちろん、実際の大地震というものは、どんな現象で起こってくるか、まだまだ予測・予知ができないところもあり、なお問題のある箇所については逐次補強に努め、さらなる研究を進めている次第である。

新幹線の高速化と今後の地震対策

現在、東海道新幹線では「のぞみ700」が時速二七〇キロメートル、東北新幹線では「はやて」が時速二七五キロメートルで走っており、最も速い新幹線は、山陽新幹線の「のぞみ500」の時速三〇〇キロメートルとなっているが、これから造る新幹線は高速化と同時に「どうやって丈夫なものにするか」ということが課題になってくる。

例えば、青森から北海道へ行く新幹線については、時速三六〇キロメートルで走行する「ファスティック360S」が、既に試験段階に入っているが、時速三六〇キロメートルの新幹線であれば、青森まで開業した時に、東京からの七〇〇キロメートルを三時間以内で着くと期待されているのである。また、現在は五時間以上かかる予定の北海道までの新幹線も、四時間程度で収まるようにしようということで計画されている。

飛行機で仮に千歳経由で羽田へ行く場合、アプローチに三〇分程度かかり、待ち合わせにやはり三〇分、さらに飛んでいる時間が一時間半あり、さらに羽田から都内まで一時間ぐらいかかる。渋滞状況にもよるが、三時間三〇分から四時間近くかかる飛行機に対し、ちょうど四時間程度で新幹線が走れれば、千歳からの乗客の半分くらいは新幹線に移る可能性がかなり高くなる。新幹線の高速化、時速三六〇キロメートルというスピードは、こうした面から期待される速度なのである。

だが、もし仮に途中で中越のような地震やさらに大きな地震が発生した場合、高速化した新幹線でも安全に停止できるような仕組みを確立していなければ、ＪＲとしては安全に乗車できる列車とは言えないし、乗客の側にしても安心して乗るわけにいかなくなってしまう。

つまり、「大きな地震があっても脱線・転覆はしない」「非常に安全な列車である」ということが担保されなければ、新幹線の高速化ということは今後ともあり得ないのである。そのために、今回の中越地震等の経験を踏まえ、様々な研究成果を活かし、対策を講じながら新幹線の高速化は進めなければいけないのである。

国土交通省を中心に進めている対策では、今回、車両の側で新しい発見があったのだが、中越地震で大きく逸脱したり脱線・転覆したりしなかったのは、台車の枠の金具のところにたまたまレールを挟み込み、レールを抱えるようにして走ったために逸脱を免れたという結果が出たのである。レールと台車枠の間にレールが挟まったために、レール自体は大きく傷んだものの、脱線した車両が大きく外へ飛び出さなかったのである。

これは今後とも脱線防止に活用できるのではないかということになり、台車枠の先に「レールキャッチ」というレールをうまく挟み込む仕組みをあらかじめ取り付けておこうというアイデアが出たのである。このシステムを組み込めば、仮に脱線しても列車がレールを挟んで走るため、大きく外へはみ出すことはなくなる。これが、車側の工夫としていま提案されている。

もう一つ、スラブ軌道を活用するという方法も考えられている。スラブ軌道は、ある意味「舗装道路」のような格好でその上を車輪が転がるわけだが、そのスラブ軌道の内側か外側に、車輪がこれ以上は横に寄らないというガードを付けるという仕組みが考えられたのである。ちょうど踏み切りの舗装軌道のような形にする方法で、レールの内側か外側にこうしたガードを設置すれば、仮に車輪が脱線してもガードにぶつかって外にはみ出すことなく止まることが可能になる。また、東海道新幹線もそうだが、鉄道では古くから用いられている「バラスト軌道（路盤にバラスト＝砕石や砂利を敷き、枕木で支持する構造の道床）」では、現在、レールの内側に「ガードレール」と呼ばれる金具を置き、仮に列車が脱線してもこの金具で車輪が止められるような仕組みを取り付けてはどうかといった提案もなされている。

もちろん、こうした軌道の構造物は崩れないということが大前提となるが、そういった工夫を凝らしながら新幹線の高速化、時速三六〇キロメートルというスピードを目指してこれからも進んでいかなければならないのである。

直下型地震が起きた場合、現在はとにかく即ブレーキをかけるという方策しかないのだが、プレート型のように海のほうから押し寄せてくる地震に対しては、できるだけ早期に地震を検知し、少しでも早めにブレーキがかけられるような早期検知システムをもう少しきめ細かく配置し、いち早く列車を止めることも、こうした新たな仕組みの開発と併せて重要となる。

また、東海地方の大地震を中心に、既に地震予知のシステムの研究も行っており、この地震予知システムができれば、一番安全で確実な地震対策になるであろう。大きな地震が発生するような予知、警戒警報が出た時には列車を止める、あるいは徐行して様子を見るということが可能になると思われる。だが、残念ながら今のところ地震の予知は、様々な努力を重ねてはいるものの、まだ十分な成果を得られていない。将来は予知システムが可能になるかもしれないが、現在は、できるだけ早期に地震を検知していち早く止める、あるいはあらかじめ耐震補強をして大きな地震が来ても崩れないようにするといった対策しかないのである。

近年、マンションの耐震構造偽装問題で、震度六どころか震度五でも危ないという話が出ているが、一般の住居やマンション、高層ビルなどの建物も含め、関東大震災クラスの地震が来ても建造物そのものが崩れない、家が潰れず、その中で暮らしている人の命が保証されるということが、地震対策の「一つの原則」になっている。そういう意味では列車も、高速で走る新幹線も同じで、仮に大きな地震が来ても安全に停止し、乗客を無事に避難させることができるというのが目標となっているのである。この目標を達成するためには、今後ともあらゆる努力を重ね、安全な新幹線システムを構築していかなければならない。

昭和三九年一〇月の開業以来、新幹線が走り出して既に四〇年以上も経つが、未だかつて事故・災害などでお客様を一人も亡くしていないのである。そして、この素晴らしい実績をなんとしても今後とも守り抜いていくためには、不慮の思いがけない大地震でも、列車が脱線したり転覆したりしないようにし、安全に停止して乗客を無事に避難させる確実な対策をしなくてはならないのである。この安全・安心に対する思いは、次世代の高速新幹線、時速三〇〇キロメートル以上のスピードで走る新幹線でもまったく同じで、これこそが次世代新幹線の大きな課題の一つなのである。

第九章

大深度地下利用

N700系 さくら

大深度地下の利用

私は参議院議員として昭和六一年七月から三期一八年勤めていたが、それ以前の昭和三一年から五九年までの間、国鉄の技術者として働いた。この国鉄時代、当時日本で二番目に長い上越線の新清水トンネル（一三・五キロメートル）をはじめ、たくさんの山岳トンネル、東京—品川の都市地下鉄道などの建設を担当していたこともあり、地下の利用の在り方について幾つかの問題意識を持っていた。

地下の占有・利用について、山岳トンネルと都市鉄道や地下鉄では大きく考えが食い違っていることに当時から気づいていた私は、これを何とか是正、調整する必要があるものと痛感していたのである。これが、今から十数年前に私が発議した大深度地下利用の問題、いわゆる議員立法による「臨時大深度地下利用調査会設置法」の提案者として立法に至る経緯の前段である。

そして、地下深部を公共目的ならば無償で利用できるという考えを公式に提案してから既に一六年の年月が経過し、調査会設置法が成立してから一二年、大深度地下の公的使用に関する特別措置法が成立して以来七年半を経た今日、ようやく具体的なプロジェクトが動き出したことは感慨新たなものがある。

まず、この山岳トンネルと都市トンネルとの違いについてだが、山岳トンネルの場合から触れると、明治時代、当時の鉄道省や私鉄などが約五〇〇〇キロの鉄道を建設する時に、数多くのトンネルを掘る必要があった。当時は、トンネル上部の土地を全て買収するようにして始まったが、山の上ではすべての土地を買収する必要がなく、また、買うほうも大変だし、買われるほうも自分の土地の中に細長い線路の用地、他人の用地が出てしまうという問題点があった。そこで、実質上の必要がなければ入り口部分については買収するが、あとは承諾をするだけで良いという方法、「起工承諾」で済ませるというやり方を当時の鉄道省と農林省が打ち合わせをし、この時の覚書に基づいて山の中は用地買収をしないということが定着する。これは、鉄道に限ったことではなく、道路や水路についても公共的な仕事であるならば地主から「起工承諾」をもらうだけで買収や補償などを行わず工事ができる〝ルール〟として一般化する。

ところが、都会では地下にあまり深いところがないという点に加え、土地の所有者が所有権や部分的な利用権などを含めた様々な権利を主張し、また補償なども要求するため、どうしてもハンコを押さなければならない事態が生じてしまう。土地の所有者に合理的に理解・判断してもらえるケースもあったが、相当に地中深く掘っても割合により補償料を出し、「区分所有」という形で処理することになっていたため、地主が「区分地上権」を主張し、なかなか用地買収を行えない場合もあったのである。土地所有権に対する補償としてやむを得ない側面もあるとはいえ、難しい地主になるとなかなか了解が得られず、時には何年にもわたって仕事が止まってしまったり、マンションの敷地を一部かすめるだけでも何百人ものハンコを必要とするケースなども出てきたりしたのである。

そこで、地上に影響のない深さ、大深度で土地の利用が損なわれない計画で、公共目的の地下利用であれば無償で使えるようにしようという発想が出てきたのである。

地価高騰と土地利用

大深度地下利用を具体的に公的な議論の場に提案した動機には、東京の地価高騰に対処するという側面もあった。私が参議院に出た昭和六一年七月頃から地価は上がり始め、昭和六二年から六四年にかけて狂乱土地という時代となる。東京を中心とした大都市の土地価格が高騰し、宅地も商業地も、これまでの何倍、地域によっては何十倍もの値段に上がってしまったのである。そこで自民党は昭和六二年九月に「土地問題協議会」という組織を作り、この協議会内に地価対策と土地の供給対策に関わる二つの部会を立ち上げたのである。

当時、土地を買うために銀行がいくらでも金を貸したため、銀行の融資を使って短期的に土地を所有しては右から左へ売りさばいて値上がりの利益を得る「土地転がし」が起こってしまう。そこで、地価対策に関しては、「総量規制」と呼ばれる、融資を規制し、金融を引締める施策によって土地転がしができないようにしたのである。土地の動きが止まるということで苦しんだ人も一部にはいたという側面もあったが、この融資規制にはかなりの効果があり、土地転がしと地価高騰に歯止めがかかったのである。

一方、供給部会のほうでは、国土庁が東京のオフィス需要がこれから伸びていくという資料を公式に出した時期でもあり、まず、本当に東京に利用活用できる土地があるのかないのかといった点を検討することになった。私もその委員の一人に任命されたのだが、よく議論し調べてみると、東京都内でも遊休地がまだあちこちにあり、土地の高度利用がされていないことが判明したのである。当時、山手線の内側だけを平均しても、一・七階くらいしか使われていないのである。

例えば、フランスのパリには城壁があり、パリ城内は平均して五階くらいの高層利用になっている。それに比べると、東京はまだまだ利用の仕方、程度があまり高くないのである。もちろん、都市計画の抜本的な見直しや、それに基づく容積率・建ぺい率を含めた全体の計画の見直しが必要になるが、都内の土地を高度利用すれば、新たにかなりの土地が生み出され、利用可能な床面積が出てくることが分かったのである。

また、もう一つの対応策として提案されたのが、土地の広域利用である。東京は鉄道がよく発達しており、郊外からの通勤あるいは逆通勤の形で住宅やオフィスを配置し、周辺地域を広域的に利用すれば、土地の供給はまだまだ十分に可能であることが分かったのである。現在三〇—四〇キロ圏からの通勤を五〇—六〇キロ圏まで拡げて高速鉄道で連絡すれば、一時間程度で都心までアクセスできるようになる。こうした先例の一つとして、つくばエクスプレスのような高速鉄道を六〇キロ先まで延ばすと、まだまだ田園地帯を含めた緑地帯が多くあり、土地はいくらでも提供できるということが明確になったのである。

無論その場合、通勤時間を増やすわけにはいかないので、高速鉄道を作りその高速鉄道は東京の都心に上の利用に関係のないかたちで大深度で入るようにする。つまり、大深度の地下が利用できれば、簡単に所要の空間が確保できるため、こうした発想で大深度地下利用の提案をしたのである。そして、この提案は国会でも受け入れられ、当時の竹下総理が本当に膝を叩いて喜んでくれたのであった。

思わぬ各省庁の対立

土地利用に関するこうした提案を政府側が取り上げ、運輸政策審議会で審議することが決まり、土地対策の要綱に盛り込んでくれることとなったため、一気に各省庁が大深度地下を利用するべく法律を作ろうという流れとなったのである。法案化に向け一〇省庁が手を挙げ、そのうち五省庁が実際に法案を書き下したのである。

ところが、その法律の基礎となる考え方で各省庁間に差があり、また、各省庁の利害が絡み調整一本化がなかなかできず、各省庁間に対立する構図ができてしまったのである。特に、各省庁は、それぞれ独自立法で目的に応じた鉄道なり、水路なり、あるいは共同溝なりというものを作っていくのに大深度地下の利用なら無償でいけるという考え方であったのに対し、建設省はそうした特別立法をするよりも、土地収用法があるのだから、その収用法を改正・改定することによってこれを対処したらいいではないかとの考えであった。土地収用法であれば全てを直轄している建設省が一手に引き受けることができるが、他の省庁にしてみれば、自分の省でハンコを押せば全て仕事ができるようにしたいところを建設省のお墨付きをもらわなくてはならなくなってしまうので、建設省案に反対の立場であった。

スムーズに運ぶかに思われた土地対策に関する提言は、こうした省庁の対立により、延々と時間がかかってしまったのである。このまま何年もかかったり、頓挫させたりしてはいけないということで、学識経験者や当該関係者が集まり、大深度の利用のあり方について客観的・公的・公正な調査会を作ったらどうかということになり、私のほか数名の議員立法による「大深度地下利用の調査会」という組織を作ったのである。

この調査会では、憲法・民法を含めた法律の専門家、地質・建築・土木の専門家、環境防災の責任者や専門家に加え、地方の立場を代表した知事も含めた一二名の委員が、二年の予定を三年まで延ばして議論し、諸外国の実例も調べて答申をしたのである。また、各省庁が答申を尊重し、今後文句が出ないようにするために「尊重義務」というのを付け、答申は総理の下で一本化して対応するようにもしたのである。答申が出てから早速、国会に法案として提出することとなったが、大深度地下調査会ができてから既に三年間にも及ぶ時間が経っていたのである。

大深度利用に関する問題点

大深度地下を利用することについて、「面白い」、「いいではないか」と、総論としては誰もが賛成するのだが、それではどの程度の深さまでを大深度と定義するのか、これが皆、分からない。そこで、調査会の先生方が地下を綿密に調べてくれたのである。

調査会では、建物の地下階、構造物の基礎、井戸、温泉に至るまで調査をし、ボーリング等のデータもできるだけ集めて、まず、東京都内の地盤地図を作り、建物の地下や基礎というものは大体一五―二〇メートルであることを調べ上げたのである。さらに、軟弱地盤の場合には杭基礎があるが、その杭基礎の深さについてもどれくらいになるのかを調査し、東京、名古屋、大阪等の大都市の地下の利用状況をも含め、綿密に調べたのである。その結果、深い建物でも三〇メートル以下の土地はほとんど使われていないことが判明したのである。

例えば、新宿の超高層ビルでも一五メートルぐらいが限度であり、それを考えると余裕を少し見積もって、大深度地下というのは地盤堅固な場合には四〇メートル程度、軟弱地盤の場合にはさらに一〇メートルの余裕を取って五〇―六〇メートルということで大深度地下はいけるのではないかという答申を頂いたのである。そして、この答申に基づいて、大深度地下の法律を作ったのである。

無論、深いところを利用するについてはその深いところを掘るだけの技術力が必要となる。また、かなり深く掘った地下を人間が出たり入ったりすることになるので、それだけ安全性についても重要になる。さらに、一定の時間そこで生活や仕事をするということになれば、環境的にも考えなければいけない問題が出てくる。地下水の変動にも考慮し、万が一、火災が起こった際の対処法も含めて配慮しておかなければならない。こうした様々な課題を踏まえ全て克服した上で大深度地下を利用すべきであるということで、「大深度地下の公共的使用に関する特別措置法」ができ上がったのである。国会では衆参両院ともに多角的な議論をしたのだが、衆議院も参議院も全会一致で決まったのである。また、調査会が動き出し、調査会の答申が出てからは鉄道と道路の対立もなく、国土交通省が一緒になって問題を仕上げたのである。

大深度地下の地震対策

大深度地下の利用に関する問題にはもう一つ、深い地下の地震対策という次の段階の課題が出てくる。ちょうど大深度地下の利用に関して議論されていたこの時期に、阪神淡路の地震が起き、地下鉄の大開駅が地震で潰れてしまったというのである。オープンカットで仕上げた地下駅の真ん中の柱が挫屈して潰れたというので、これは大変な事態になったということで私も直ちに現地に飛び、詳細を見てきた。

地下四階まである三宮の地下駅の上層階、特に地下一階は、確かに相当傷んでいたのだが、地下二階、地下三階、地下四階とそれぞれを比較してみると、レールの走っている地下四階あたりはほとんど傷んでいない。深いところほど被害が少なく、大深度地下が安全であるということが、たまたま大震災で立証されたのである。そして、それまで大深度地下の利用に反対していた社会党の先生方も、地下へ行くと安全であるということで了解してくれたのである。

地下鉄だけでなく、例えば、新幹線の走っている六甲トンネルなども、覆工の表面のひび割れや多少のコンクリート剝落などの被害はあったものの、基本的に列車が走ることに影響するほどの被害はなく、山岳トンネルも地震に対しては相当強いということが実証できたのである。

また、阪神大震災では電線や電柱が倒れ随分と被害を受けているが、ここでも地中に埋めた電線はほとんど被害を受けていない。地上の電線の約八〇分の一の被害率でしかなかったと報告されているが、地震に対してトンネルや地下は比較的安全であるということが、たまたま阪神淡路の地震で証明され、大深度地下の利用に関しては一種の「追い風」として作用したのである。

ただし、その後に起きた中越の直下型地震では、トンネルもかなりの被害を受けている。

覆工コンクリートが剝落し、路盤コンクリートが隆起して、地盤自体が膨れたのである。この「盤膨れ」では、軌道を支えているスラブが持ち上がったという被害もあった。しかし同時に、トンネルの中心線は狂っていないということで、手直し程度の復旧工事で済んだという側面もある。

大深度地下利用と地震問題ということについて言えば、しっかりした対応策を取ってさえいれば、むしろ地上より心配する必要はないということになる。大深度地下の利用に関しては、地震よりも水が入ったり、火災が起きたりした場合のほうが懸念される要素が多く、そちらに対する対策をしっかりすることが重要なのである。

諸外国の地下利用例

大深度地下をどう利用するかということについては、日本のみの経験だけでなく諸外国の実情を把握、調べておく必要がある。私自身も積極的に外国の色々な実態調査に行き、いくつかの事例を見てきたが、大いに参考になる。

まず、水道や下水道、あるいは地下鉄のような特別に地下だけを利用する地下構造物などに、優先的に地下利用の権利を与えるという考え方、整理の仕方がある。例えば、カナダのモントリオールでは地下鉄が一〇メートル以下、下水道は一五メートル以下を無償で使ってもいいと決めており、スペインのマドリードでは、地下鉄は一〇メートル以下は無料であるとなっている。

一方、イギリスなどでは、一本ずつの線路について個別の法律を作り、その法律を作るときに議論をした上で地下の権利をしっかり与えるというやり方を取っている。例えば、ジュビリーラインという地下鉄には約三〇メートルの深さを行くトンネルがあるのだが、それ以上深くなるとほとんど無償で使えるように権原を保障するという考え方でやっている。

三つ目がイタリアのように民法などの基本法で対応するケースで、「基本的に地下は地上の権利とは別である」ということで地下の利用を扱っている。ローマとかミラノの地下鉄では、地上の土地の権利を持っている地主でも、地下を利用する公共的な地下鉄に対しては権利を主張できないと民法という基本的な法律で整理している。

四番目の例としては、一般的な法律で浅いところも深いところも共通な考え方で処理している国で、これは、フランスやドイツなどとなる。ただ、フランスの例などは非常に合理的で、深くなるほど利用料が安くなり、三〇メートル以下になるとほとんど無償に近くなる。

それぞれのお国柄や町の成り立ち、地質などの違いによってルールは異なるが、基本的には合理的に無償でやっているところが多い。社会主義国の場合、例えば、旧ソ連のモスクワなどはかなり深い地下利用が行われているが、これは本来の土地の所有権は国であるということで無償となっている側面が大きい。

イギリス、フランス、ドイツ、カナダ、スペイン、その他にデンマークなど、外国の都市へ行った際は、必ず地下鉄や下水道を管理している役所を訪ね、そこでの法律的な扱いを聞いたり、現場をのぞきに歩いたりし、地下に潜って歩くのが仕事という時期があるほど、諸外国における地下の利用の実情や法制度を調べたが、こうした調査も踏まえたうえで法制化に漕ぎ着けたのである。

協議会の基本方針

大深度地下の利用に関する法律を具体的に運用するためには何が必要であるのかを考え、その基本方針を決めなくてはならない。そこで、まず内閣で基本方針を決めることになった。

例えば、地下を無秩序、あるいは私的に利用されないように、基本方針としては「公共的な仕事であるかどうか」という点が重要となる。いわゆる公共事業には、道路・鉄道・水道・電気・ガスなどがあり、それぞれ民間の仕事も含めて公共性が非常に強いのだが、個々の事業の公共性をしっかり議論し、また、将来にわたって安全に維持管理されるかどうかも検討されなければならないのである。

例えば炭鉱などの仕事・事業では、掘っていってそこにある鉱石や石炭がなくなると、放ったらかしになったというケースがある。そして、放置された坑道が縮小したり沈下したりし、地表面までもが沈んでしまうといった事例も過去に何度となく報告されている。

今回の法律では、このような炭鉱の仕事などは公共的な仕事ではなく、また、安全性の面でも環境の面でも問題があるということで、基本方針で必ずチェックされ、認められないということになるのである。

また、具体的に進めて議論するため、「大深度地下使用協議会」というものを作り、差し当たりの適用範囲を東京、名古屋、大阪の三大都市圏としたのである。

東京、名古屋、大阪とその周辺地域だけを今回のこの法律の対象にしたのは、そもそも他の地域は大部分が山の中で、少し潜れば無料・無償という一般ルールが適用できるため、この法律そのものが必要ないのである。

また、「大深度地下使用協議会」での議論で一番大事な点は、それぞれの事業の事前調査において、同じような仕事が競合した場合の優先度合いをどのように決め、どこの仕事を優先するかということとなる。この事前調査については、現在、毎年開かれており順調に推移をしている。また、この地下使用の認可を決定するのは、地域を主管している知事ということになっているが、仕事が二県、三県にわたるような場合は大臣が認可するということで、いちおう使用認可者は知事もしくは大臣ということに整理してある。

この法律では、本来は補償というものは必要ないという考え方だが、仮に地上部への被害が出たり、補償が必要になったりした場合の手続きや補償に関しても念のために決めてある。さらに、このような準備、段取りをしながら各種の地質調査のデータを集計して、大深度地下の地図も作成したのである。

データに関しては役所でも官庁でも、民間でも、各企業でも随分と地質調査のデータをたくさん持っているので、その全てを集結しデータベースにして地図を作成したのである。例えば、東京の大深度地下というのはこの辺の範囲で、それより深いところはこの地域であると明確に分かるマップを地域別に作り、東京、名古屋、大阪それぞれのマップを公表している。

また、地下の利用実態を全部集め、これはシステムにして地下情報としてある地点でクリックすればその地域の地下埋設物が全部アウトプットできるというシステム作りも進めており、かなり実用化も進んできているのである。

動き出した大深度地下の利用

こうしてようやく動き出した大深度地下の政策だが、具体的な利用として最初に出て来たのが、神戸市の市水道である。神戸市が幹線水道を作ることになり、当初計画では道路の下を使っていくことを主体に考えていたのだが、大深度で直線的に結べば距離が短くなり、工事費も随分と割安になることが分かったのである。この水道工事が、おそらく大深度の適用例として最も早いプロジェクトになると思われるが、もう一つ具体化しているのは外環状の高速道路である。

現在、練馬で止まっている首都高を東名高速まで結び付ける計画があるが、これはもう何十年も動かなかった計画である。そこで、石原知事と扇国土交通大臣が現地を歩いた上で、大部分の道路を地下に下ろし、これは地上ではなく、大深度に切り替えようということになったのである。いくつかランプを作って地上に上がれるようにし、換気塔も作って適切に設置するという方向で、地上の計画を地下の計画に変更、現在、この計画は動き出しているが、周辺住民も「やむを得ないだろう」、「大深度なら結構だ」ということになったのである。そして、この計画により、練馬の外環状の近辺での渋滞は一気に緩和されることになるだろう。

さらに将来の課題としては、東京―大阪を一時間で結ぶリニア中央新幹線への大深度地下の利用がある。時速五〇〇キロ以上で走れる磁気浮上式の鉄道であるリニアモーターカーは、曲線半径が八〇〇〇メートルとか一万メートルとか非常に緩いカーブが必要になるため、道路や河川に沿って作るわけにはいかない。とにかくひたすら目標に向かってまっすぐ進むということになると、民地、公有地の区別なく直進しなければならないため、これも大深度でないと不可能となってしまう。特に、東京、名古屋、大阪は通過できないということで、大体五〇キロから一〇〇キロくらいは、その都市内は大深度で突っ切ることになるのである。

また、詳細は未定だが、リニア中央新幹線の都心のターミナルが設置可能になったため、東京でも新宿でも品川でも、一番適切な場所に持ってきて設置ができるということで（おそらく地下設置になると思われるが）、ようやく具体的プロジェクトが浮かび上がってきたのだ。

大深度地下の利用を具現化させるまで一六年もの歳月がかかってしまったが、今、ようやくプロジェクトのスタートラインに立てたという段階であり、計画が動き出したばかりなのである。

第十章　国会で活路を拓く

国会議事堂前にて

(一) 出馬から国鉄改革へ

国会へ出た動機

私が国会へ出ることとなった出馬の動機は、まず、全国区で二五年以上立たれていた先輩の江藤智先生がお亡くなりになり、誰かが跡を継がなければいけないということが一つにあった。そして、特に重要なのは、当時、鉄道省の時代から引き継がれ、全国一本の運営を日本国有鉄道として何十年もやってきた国鉄を分割民営という形の新しい民営化会社に転換しなければいけない必要性が出てきていたという時代背景がある。

こういう改革を行うには国会審議をしっかりして多くの法案を通す必要があり、国鉄の内部事情がある程度わかった者、やはり国鉄出身者の中から江藤先生の跡を継いで出馬してもらおうということになり、私に指名があったのである。

当初、江藤智先生の甥で広島の鉄道管理局長をしておられた江島淳先生が跡を継がれて全国区へ出るものと我々は理解しており、江島先生の選挙の手伝いや支援などをしていたのだが、たまたま山口県の地方区の参議院のポストに空きができ、江島先生がそこへ立候補の可能性が出てきたのである。全国区にまわる人がいなくなるということで、江島先生から「まあ、お前ならいいだろう。全国区でやれ」と、私に指名が来たのである。そして、江島先生が山口選挙区、私が全国区ということで、国会へ出るための準備が始まったのであった。

当時、私は国鉄の施設局長をしていたのだが、国鉄職員は国家公務員に準ずる立場であり、やはり公職のままで全国をまわって歩くのは具合が悪いということで、昭和五九年の一〇月に国鉄を退職した。改めて候補予定者という身分で全国に挨拶まわりを始め、翌年昭和六〇年の七月に自民党の公認を頂戴し、全国区の候補者になったのである。

ちょうど国鉄の分割民営化を巡り、賛成論・反対論が国鉄の内外で渦を巻いていた時期で、国鉄が分割されたら労働組合が潰れてしまうということで、最大の国鉄労働組合は反対の立場であり、また、国鉄の中でも貨物のグループは、分割したらうまくやっていかれるかどうかわからないという懸念があった。このように分割については、内外ともに賛否相半ばするという状況であったが、土光俊夫氏が主催する臨調の方針が分割民営化であるといった方向がでていたため、やはり分割の方向で国鉄の中をまとめる必要があった。

中曽根総理の公約は、国鉄・電電・専売の三公社の民営化であり、特に国鉄に関しては、第二臨調が打ち出した分割民営という最も厳しいスタイルの改革を実行する必要があったため、やはり内情のよくわかった者が国政に参加し、出来るだけ血の通った、具体的な分割民営化の方針を打ち出す必要があるということで、立候補の過程の最大のピンチを切り抜けることができたのである。そして、大勢の方のご支援を頂戴して六一年七月、無事に当選することができた。

国鉄は、明治三九年に国有化されて以来約八〇年、全国一本でやってきた。このことが、日本の中央集権の制度を確立し、国力を充実させ、日本が世界的に飛躍する大きな手段、基盤を作ったと言えるであろう。輸送面で全国が一本化されているということは非常に重要で、日本の近代化に大変お役に立ってきた。その国鉄を分割民営化して果たしてうまくいくのかという懸念と、効率的で良くなるという意見、賛否の議論が渦巻く中で、分割民営化の方向に踏み切ったわけだが、これは土光氏を始め臨調の見識と中曽根総理の決断力が決め手であった。そして、その原動力には国鉄内の改革推進グループの働きが大きな力としてあったのである。

拘束式比例代表制

私が立候補した時、参議院全国区の選挙方式が比例代表制に変わった。前々回の昭和五二年は、候補者の名前を書く記名式の全国区制であったが、この時、大量の選挙違反が出たのである。みんな善意でやっているのだが、法律をその通り読めば違反になってしまうため、公職選挙法の改正が行われ、昭和五八年から拘束式の比例代表の選挙制度が導入された。その結果、私が出た時には名前を書く選挙ではなくて、自由民主党と党名によって投票するようになった。

党が候補者の順番を付けた名簿を用意し、ドント式という割り算を使って、党の得票数に従って上から順位を決めていく新方式に切り替わったため、私の時は、「野沢太三」という名前を書いて頂くわけではなく、「自由民主党」と書いて頂くための運動を行うこととなった。

この候補者名簿の順位は、後援会名簿の数や地方での会合の動員数、あるいは候補者を支持する自由民主党の党員・党友の人数などで査定される。そういうわけで、私が出馬した時の候補者は二五人であったが、選挙運動は専ら自民党の支持者を増やすこと、会合への参加を呼びかけること、実際に党費を支払う党員を数多く集めること、この三つが主な順位争いの物差しであった。党員数にはお金も付いてくるため特に重要で、当時の党費は一人三千円の党費であったが、党のほうからは二万人以上という数字が示され、私の陣営としては二万の倍、四万人くらいはまずは集めなくてはと準備を進めていた。

この頃、党のほうでは各候補者を集めて、「あなたの陣営はどのくらいの準備をしていますか？」と、それぞれの準備状況のヒヤリングを行っていた。私もヒヤリングを受けた時に、全国で会合を何百回、後援会を何万人、党員を何万人といった報告をしたのだが、前から指導を頂戴していた党の職員が部屋から飛び出してきて、「野沢さん、あんたダメだ。ビリだ」と言う。選挙の一年も前に、なんで既にビリだとわかるかと尋ねると、要するに、会合の支援者数や党員数の予定数字すべてがビリであるという。特に党員数は、党から示された二万人の倍ぐらいということで四万人と報告したのだが、「一桁違う。二〇万人やらなければ、とても勝てません」と言われ、驚いたのである。そこで、地元に持ち帰って後援会の幹部と相談したが、「そんなことはないだろう」と、後援会の幹部も信用しない。先輩である伊江先生にもご相談をしたが、「そんなに必要ないだろう」と言われる。伊江先生自身は実績があり、そんなに集めずに順番を頂いたということもあるため、そんな人数を信用しない。それで、後援会と相談して、五月に「励ます会」という大きな会合を行い、亡くなった加藤六月先生や新潟の小沢辰男先生などに尽力して頂き、「皆さん、とにかく党員を集めなくてはだめです」とぶちあげてもらい、党の目標である建前論ではとても勝てないと目標を二〇万に一桁あげ、なんとか無事に七番で当選することができた。

選挙活動を始めた当初は、自分で出席した会合だけしか実績として申告していなかったのだが、全国を飛んで歩いているため、それでは一日に一回の会合にしか出られない。しかも、比例代表の場合、勤めている方が多いためにウィークデイの昼はだめで、土日はなかなか集まってもらえないし、自分で歩けるのは月に何十回というのが限度。ところが、参議院の会議室に張り出された実績を見ると、一日に何回も会合をやっている候補がいるので、党に確認してみると、「代理出席でもいい」ということ。そこで、後援会の地方の幹部、会長、幹事長などを代理にして、一五〇〇回ぐらい行った各会合で、私の経歴や所信をアピールして頂くようにしてもらったのである。その結果、大変な人数になり、会合の成績が断然上位となった。また、党員の数も多勢頂いたこともあり、第一回目の選挙の時は全部で一九人が当選したのだが、私はラッキーセブン、七番目の順位を頂戴して当選でき、非常に光栄であった。

当時の党費は、党員が三千円、党友が一万円であったが、結局、金を集めた人が上位に行くのではは金権選挙ではないかという批判が出てきたため、第二回目の選挙の時は、党員のほうはそこそこにして、後援会のほうで人を集めようと、後援会名簿を重視することになる。

選挙ではお金よりも自由民主党という党名で、投票してもらうことが一番大事で、各陣営ともに一生懸命に後援会員を集めたのだが、その結果、二五人の候補者で有権者人口よりも多い一億人の後援会員を集めたのである。一人で一千万人も集めた候補者もいるが、私のところは五百万人くらいであった。その結果、八番目の順位という大変ありがたい成績になったのだが、七番目の方がすぐに亡くなったために繰り上がって、ラッキーセブンが二回も続いたのである。

ただ、平成四年の二回目の選挙では、「一億人も集めても、後援会の中味が非常に薄い」とか、「電話帳を写してきた人もいるのではないか？」といった批判や悪口が言われたため、平成一〇年の三度目の選挙の時には、たくさん集めるのは構わないが、数は一〇〇万なら一〇〇万でいいので、しっかりとその一〇〇万をサンプリングし、中味の確からしさを基準にしようということになったのである。調査機関が、何百万も集めた後援会員の中から「あなたは野沢さんを知っていますか？」「自民党の支持者ですか？」「誰に投票しますか？」といったサンプリング調査をし、党の支持と候補者の知名度などの割合がどれくらい確かかを調べたのである。その結果、三回目の選挙では五番になり当選することができたのである。過去の三回の選挙を振り返ると、やはり、しっかりと支えていただいた後援会の皆様、ご支援をいただいた何百万という支持者の皆様のお陰であり、大変感謝をしている。

ただ、全国区という性格からして、全国を歩いて報告をしたり、お礼の挨拶をしたりすることも、なかなかままならず、一年も二年もかけて準備するわけだが、当選しても、支援して頂いた方に謝意を述べることもなかなかできない。やはり全国区の議員は、参議院における各委員会での活躍や議員立法などの活動と、仕事でお返しをしていくことが重要である。もちろん、できるかぎり地方を歩き、地方の幹部の方に報告をし、後援会の新聞を通して支援者の理解を頂戴するよう務めてきたが、一番大事なことは、仕事でお返しをしていくということである。

非拘束比例代表制度

裏表三度、計六回の選挙を行ってみると、拘束式で党が順番を決めることは納得がいかないという意見が多くあったため、平成一三年の選挙から、候補者の名前を書いてもいいし、自民党と党名を書いてもいい選挙、非拘束比例代表制度に変わったのである。

非拘束名簿式の比例代表制という制度は、順番については名前を書いた順序で決めるという形だが、名前を書く選挙はまた厳しい側面がある。今度は有権者に名前を覚えてもらう必要があり、また、知名度の高い有名人が有利になるという問題もある。

旧全国区制のように名前だけで選挙した時代と、名前を一切書かないで党名で選挙した時代の前後を合わせると六回の選挙を拘束式で行い、現在は非拘束の名簿式比例代表制度となっている。私の場合は、三回とも拘束式の名簿制であったため、投票の時に「野沢」

と書いて頂けなかった点は、少し残念ではあるが、拘束式でやったおかげで選挙違反は一つも出なくて済み、支援して頂いた方々に心配や迷惑をかけることはなかった。

そもそも大量の選挙違反がでたということが大きなきっかけとなり、非拘束から拘束式に変わり、さらに合理的にということで、名前を書く非拘束に変わったのだが、今度は名前を覚えてもらう、書いてもらうこと自体が容易ならざる仕事で、これが現在の問題点である。

拘束式は党の中の順位を貰うわけで、党のほうに顔を向けて仕事をすればよかったのだが、非拘束の名簿式になると、国民に対していかに知名度を上げるかということが重要となるため、テレビタレントやスポーツ選手といった名前の売れた方が非常に有利になるという傾向が出てくる。

しかし、結果的に見れば、しっかりした方が出てくるという点では、今日では一番合理的な制度であろう。世界的に見ても、名前を書く選挙と比例代表選挙には、それぞれ長短いろいろあり、その国々の実情にしたがって採用されている。小選挙区を取っているところでは、ほとんどがこの名前を書く記名式の選挙で、中選挙区とか国全体でやるような大選挙区になってくると、比例代表を使うという場合が多い。

比例代表制度と記名式の選挙には、それぞれ一長一短あるが、自分の代わりに国会に行って意見を述べてもらう、政策を訴えてもらう、政治をやってもらうといった、「代理委任する」という意味では、記名式が最も候補者と支援者との関係や結びつきが強くなるし、代議制の民主主義としての機能は、記名式がやっぱり基本であろう。ただ、記名式の場合には、やっぱり個人的な事情に左右されたり、地域が限られたり、あるいは、個人の好みが入ってしまったりという問題点もある。

政党政治であるからには、政党の政策に共鳴し、特に強い影響を持つ党首の顔と政策を見ながら投票していくことが重要で、その点では比例制が優れているし、比例代表の一番の特徴は地方も都会も、一票は一票、公平である点である。

これが選挙区を伴う記名式の場合には、票の格差という問題があり、例えば、現在、日本の衆議院の場合には、二倍とか三倍とか格差が出てきている。そのため、合併したり分割したりと選挙区の見直しが行われ、大きな市や町は選挙区が幾つにも分かれるという問題もある。田舎と都会では地方区の定員が非常に違ってくるため、参議院の場合には、例えば、島根県や鳥取県に比べると、東京は五倍も選挙区の人数がいる。そして、参議院に関しては、東京の人は五分の一しか発言権がないことになってしまう。

こういう問題が記名式の選挙の場合には出てくるが、比例代表であれば、街の一票も地方の一票も全く同じで公平である。比例代表というのは、人数に比例した意見が国政に反映される一番優れた選挙制度である。全世界的に見ると、記名式でやる国と比例制でやる国が、ちょうど相半ばするくらいの割合になっているが、新しく民主主義制度や代議制の民主主義に変わっているところでは、比例代表を取り入れる国が多い。これは公平公正に選挙ができる点に加え、個人名簿では候補者が選挙運動をやらなくてはならないため、選挙運動が安全に公平公正にできるかどうかという問題が残るからである。例えば、今のアフガニスタンやイラク、あるいは、東南アジアでいえばカンボジアなどがあるが、そういう所で安全に選挙運動ができるかといえば、文字通り「命がけの選挙」になる。そこで、そういう国では比例制で政党名を投票してもらい、後は政党の中で候補者の順番をつけて決めていく選挙、間接選挙のかたちになっている。

国会活動――国鉄改革特別委員会

国会活動で私が第一に取り組んだのは、国鉄改革の関係法案を国会で通過させることであった。六一年七月の選挙後の一〇月に早速臨時国会が開かれ、そこで、全部で八つある国鉄改革法案の七つを審議することになった。八法案の一つは、地方行政委員会で扱うことになり、改革特別委員会にかかったのは七法案となるが、この委員会に参議院としては、私がただ一人一年生で指名を頂戴することになったのである。

衆議院からまわってきた法案の審議をしたわけだが、ここで非常に重要なことは、既に衆議院段階で議論は進められていたとはいえ、六一年七月の選挙の中曽根総理の公約が、国鉄・電電・専売の民営化であり、特に国鉄改革ということを一番のメインに訴えられていた点であろう。ちょうど小泉総理の「郵政民営化、是か非か」ということで行った総選挙と全く同じような姿勢で、国民の信を問う選挙であった。

当時の国鉄というのは赤字の泥沼で、労使関係はもつれにもつれてスト権もないのにストライキをやるような状態であり、また、地方の交通整備をどうするのかという問題や事故などもあり、いろんな課題を抱えていた。このため、国民の多くには、「分割民営をして良くなるのであればやってもらおう」という気運が高まり、中曽根総理の掲げた政策に圧倒的な信任を得ることとなった。

衆議院で三〇四議席、参議員でも七四議席と、自民党が安定多数を得ることになり、この選挙結果を受け、分割民営に反対していた野党も負けを認めざる得ない状況になったのだが、野党は野党として言うべきことは言っておこうという立場もあり、こういう流れの中で審議が始まったという背景がある。

雇用問題

国鉄の分割民営化に伴い、もっとも懸念されていたのが雇用問題である。当時二七万人の国鉄職員がいたのだが、分割民営化すれば二〇万人くらいの人員がいれば十分とされたため、七万人の方々に雇用の世話をしなくてはならなくなったのである。

中曽根総理は、再三再四、「一人たりとも路頭に迷わせない」と言明されていたが、まず、希望退職を募り、それぞれの方々が自分の知り合いなり、自分の考えに従って新しい道に前進してもらうことで退職者を募集したところ、三万九千人ぐらいが自ら道を見つけて国鉄を去ったのである。希望退職者の多くは優秀で、皆、自分で活路を拓いて行ったのだが、あまりにも大人数が出て行くため、途中で希望者をストップしたほどである。同時に、新しくできる会社が、自分の所で欲しい人を国鉄から採用するという形を取ったため、各社が必要な要員を確保することができたのである。それでも四万人ぐらい余っている人がいたため、その方々については、中央官庁、地方官庁、地方の市町村、民間会社などから、必要とされる三倍以上の雇用口を見つけ、選択をしてもらった。その結果、希望者全ての方の再就職の世話ができたのである。

ただし、一〇四七人の方が、「どうしても元の職場に帰してくれ」と頑張り、国鉄改革を認めないということで訴訟を起こしていたが、このたび政府が組合員らに解決金を支払うことで組合側と合意した。この問題については、与党も野党も労働組合自身も何とかしようと努力しているのだが、なかなか納得して頂けぬまま、二〇年以上の歳月が流れていたのである。しかし、大多数の方はほぼ希望通りの道を歩み、現在、各方面で立派に活躍されているようで、私が国会に出てから外国や地方を回っていると、「あの時、国鉄でお世話になった者です」と、思いがけないご挨拶を頂くことがある。新たな職場に行かれた方々は皆、その組織に馴染み、立派に活躍しているのだ。

そもそも全国各地で採用されていた国鉄の職員というのは、それぞれの地方や学校で、当時としては優秀な人が採用されていたため、鉄道を辞めて新たな職場に行かれても、きっちりと評価されているのである。

鉄道警察隊の公安官という職種として、三千人ほどまとめて採用して頂いたのがもっとも大きい再雇用先であったが、他にも、外務省、税務署、国税庁、各県の県庁などにも、随分と大勢の方を採用して頂いた。

昭和二四年、まだ定員法があった時には、六〇万人を四五万ぐらいまで減らすという厳しい首切りがあったのだが、その時には、三鷹事件、松川事件、下山事件などが発生したこともあり、今回一番気をつけたのが雇用問題の円満な処理ということであった。幸運にも、今回は景気が上昇基調の時であったため民間の受け入れ態勢も良く、また、「国鉄の皆さんは頑張ってきたのだから、一つ温かく受け入れよう」という、国民の共感を頂いたことも大きな要因であった。そして、この一番の課題であった雇用問題が円満に解決したことで、国鉄改革は、ひとまず大きな峠を越えたことになったのである。

年金改革

最盛期に六〇万人もの方が在籍した巨大組織である国鉄には、もう一つ大きな課題として、年金問題が残されていた。徐々に高齢者が増えていく一方、現職の数が減っていくという状況で、最終的にはOB一人を二人の現職が支えるというような「行き詰まり」が、もう目の前まで迫っていたのである。国鉄改革を行う上で、財政的な意味も含め、この大きな課題をなんとしても解決する必要があったのである。

そこで、国鉄の年金と内容的にも近い国家公務員共済から財政支援という形でつないでもらい、二―三年過ごした後に厚生年金と統合するということで解決したのである。厚生年金のグループにとっては、赤字の国鉄共済をただ受け入れるというわけにはいかないので、まず、基礎年金という土台を作り、各職域において少しずつ異なる比例部分の職域年金をその上に乗せるという形で各制度の独自性を取り入れながら、問題を解決する形を取ったのである。公平な形で年金を解決することができた結果、辞めて行った方々も安心して老後が送れることになり、これも非常に大きな改革につながったのである。

現在は、厚生年金と共済年金の統合という問題が浮かび上がっている。最終的には、国民年金も含め、全ての年金を共通のルールで支給できるような形が望ましいのだが、これは各制度の成熟度、いわゆる「行き詰まり」の具合や、現職とOBの負担の比率、人数とか支給の内容とのバランスなどがあり、なかなかいっぺんにはできない。なだらかに統合に近づけるということで、何年もかかる課題であるが、当面は、共済年金と厚生年金の統合、要するに公務員グループと民間グループの年金統合となる。しかし、内容の良い教職員の年金や農林関係の年金などの統合は、多少時間がかかるだろうし、厚生年金と一般の国民年金の統合なども、次の課題として政治問題になってくるだろう。

困難に思われた年金問題はとにかく解決したが、亡くなられた橋本元総理が運輸大臣をしておられた時に、年金問題に国鉄改革の議論が踏み込むと、それだけでひと国会かけてもやりきれない問題があるから、これは、先送りにしようということになった。橋本総理は、厚生大臣・大蔵大臣・運輸大臣・官房長官による四閣僚懇談会で処理をしようと先送りして、国鉄改革の委員会が終わった時に、直ちに共済年金との財政統合、財政調整の問題から、最終的に厚生年金に統合するという道を拓いて下さった。大恩のある橋本総理が亡くなられて残念だが、こうした経緯で年金問題は峠を越すことができたのである。

長期債務

最後に残った課題は、国鉄の抱えていた長期債務で、これがもっとも大きな課題であった。

そもそも国鉄の赤字が累積して国鉄改革が始まったわけだが、赤字の中でどうしても処理をしなければならなかったのが、有利子で借りてきた債務である。

まず、国から借り入れている無利子の債務を国に債務放棄をしてもらうことで、五兆円ほどの債務が消えた。そして、遊んでいる用地を売却して処理できる分は、それを売却して穴を埋めようということになり、国鉄清算事業団を作り、事業団が用地売却をして、穴を埋めていく方針で、一〇兆円ぐらいの債務を返そうということになった。ところが、売ろうとした全国何千ヵ所もある土地が暴騰し、それを売ることを政府から差し止められてしまった。差し止められる間にも利息がつき、債務のほうがどんどん膨らんでいく。そのうち、今度は土地が下がり始め、土地を売って穴を埋めるという構想は、バブルがはじけた途端に成り立たなくなり、その結果、新たに財源を作って、穴埋めしなくてはならなくなった。

関係方面に、ご支援、ご理解を頂戴し、結局、郵貯のほうから一兆円ほどの応援をしてもらうとか、タバコを一本あたり一円ぐらい値上げして穴を埋めるといったことが行われたのである。

また、ＪＲは負担しなくていいというルールで始まったにもかかわらず、一部、年金相当部分の穴埋め部分については、ＪＲが持っても良いのではということになり、ＪＲにまた負担を強いることになったのである。これは当初と約束が違うということで、私は自民党でただ一人参議院で反対をし、野党と同じ青票を投じたのだが、その結果、役職停止無期限となり党のポストを全部返上して無役になった。

この時、私は弾劾裁判所の裁判長もやっていたが、このポストは「政党の事情により地位を失うことない」と明記され、守られていた。弾劾裁判所の裁判長は弾劾裁判法に従い、政党から独立する立場にあったため、弾劾裁判所の裁判長というポストだけは残り、最後まで務めることができた。

また、議員連盟も任意団体であり、政党の事情には拘束されないということで、結局、新幹線やリニアをはじめとする議員連盟の仕事は続けることができた。私の最大のライフワークである新幹線の仕事にもほとんど支障もなく、議員連盟の事務局長も続けていたので、発言する機会を失うこともなかった。

債務処理の法案に反対したことによる役職停止は、結局、一〇ヶ月で解除されたのだが、この間、同期や後輩がどんどん入閣していくのを見送ることになり、入閣は最後になったのである。

平成一五年の九月、法務大臣に就任した時は、ちょうど司法制度改革が五年もかけて議論した仕上げの国会が控えていた時期であった。初入閣ではあったが、小泉総理から一番難しい仕事を頂いたということになる。結局、裁判員法、総合法律支援の法律、いわゆる法テラスの法案、知的裁判所の設立……と、要するに改革に必要な一〇法案を国会へ出し、そのうち九件を通すことができた。遅い入閣ではあったが、「人間、これすべて塞翁が馬」という喩えがあるように、遅れたことが幸いして、結果的に大事な仕事をやらせてもらえたことになる。国鉄改革と司法制度改革という二つの大きな改革を在任中できたことは、非常に幸運でもあり、また光栄でもあった。

委員会活動――運輸委員会と外務委員会について

在職中にいくつもの委員会をやらせてもらったが、国鉄改革でスタートしたこともあり、また、国鉄に勤務していたこともあったため、参議院の運輸委員会が私の一番の基礎的な委員会で、そこに常時席を置いていた。鉄道、道路、飛行機、船など運輸にかかわるすべての法案はこの委員会を通っていくのだが、これについてずっと発言をしてきたことは、国鉄改革のフォローアップという意味でも、大事な経験であった。

また、国会議員になると、自分の興味のあることばかりでなく、国民のために働くということがあり、特に、国民を守ることと外国と上手にお付き合いをするということが必要で、外交問題と防衛問題はいわば国会議員の必修科目である。政治家として不可欠の仕事になるため、私は外務の委員会を希望し外務委員長に就任した。

この外務委員会でいくつかの法案や条約を通したが、この委員会は世界の各国々とのお付き合いに加え、さまざまな条約を通すための国内法の整備なども含めて重要になる。例えば、外務委員会は子供たちの権利を守るための児童の権利条約、あるいは、世界中の海の権利をどうするかという海洋法条約といった、さまざまな事項を扱う。海洋法条約を通したことで、二〇〇海里までの排他的経済水域の資源を主張でき、日本は国土では小さい国だが、二〇〇海里まで入れると、世界でも指折りの大きな国になる。

この外務委員会に加え、党の国際局長も務めたが、これは、政党レベルのお付き合いではあるが、世界中の方々と話をし、その要望に応えていくという仕事である。この時に興味深かったのが、ベトナム共産党のお客様であった。

ベトナムは、第二次大戦後もフランスと戦い、その後アメリカと戦い、二〇年間も戦争ばかりで、国中が廃墟のごとく荒れてしまった。そこから何とか立ち直りたいと世界中を見渡し、どの国をモデルにして国を作り直していくかと議論した結果、日本がいいということになったと言うのである。第二次大戦で焼け野原になり、軍隊をもう持たなくなり、平和国家に生まれ変わった日本が、今日では世界第二位の経済大国となり、国民一人あたりの所得も世界で一、二を争うレベルまで来ている。そんな日本が一番の模範ではないか、また、その日本を政府与党として三〇年間にわたってリードした自由民主党を研究することが非常に大事ではないか、そうベトナム共産党は考えたというのである。自民党の政策綱領や規則等を教えてくれないかというので、全部のコピーを作って持っていってもらった。私どもは、「わが自由民主党は、自由に選挙して、選出されたリーダーによって、まとめられている政党です。総理大臣も自由な選挙で選ばれている。その点がベトナムとは異なるので、よくわきまえてやってください」と言って帰ってもらったのである。そのベトナムは、現在、東南アジアでも非常に立派な政策を採用して、どんどん発展を続けているが、彼らが来日した際に、とにかく朝から晩まで遊びにも行かずに一生懸命に勉強していたのであった。

ベトナムには日本からＯＤＡという政府開発援助のお金が相当つぎ込まれているが、私がベトナムを訪問して驚いたのは、日本からの援助を真っ先に使ったのが学校の建設で、小中学校を含めて、全国に一五〇〇校ほどの学校を作り直したという点であった。向こうでは土地はタダ同然、木材などもその辺から安く調達でき、あとは全て自分たちの勤労奉仕でやるため、二―三〇〇万円もあれば、一つの学校が建設できる。

他の国は、だいたい発電所や道路の建設、橋を造るといったことにお金を使うのが多いのだが、ベトナムは、援助のお金を教育の再建に使ったのである。この教育再建に力を注いだ点に加え、ベトナムは経済も「ドイモイ政策」で早めに自由化し、共産党の指導は非常に弾力的な経済政策をとった。このことが、今のベトナムの発展の原因であろう。

世界各国それぞれ個別の議員連盟があるのだが、ベトナムの事例のように諸外国との付き合いの大切さを感じていた私は、世界一八八ケ国あるうちの約三分の一、五〇以上の議員連盟に入って仕事をしてきた。例えば、日本モンゴル友好議員連盟では、最後の六年間は会長を務め、モンゴルの発展のために意見交換も頻繁に行った。

モンゴルでは日本からのODAを頼りにしているが、援助に頼りきってしまっては自立独立ができない。そこで、外務省は時期尚早と捉えていたが、私どもは民間の投資を呼び込むための投資保護協定を作る必要があると推進し、これがモンゴルで大変喜ばれた。

また、私の専門である鉄道関係では、いろんな機器類の応援や積み替え設備などで協力した。モンゴルは一五一〇ミリの広軌で、国境を接するロシアと同じゲージだが、一方の国境を接する中国は一四三五ミリの標準軌であるため、積み替えが必要になる。そこで、クレーン、ベルトコンベア、フォークリフトといった積み替えに必要な一連の設備を援助したのである。その結果、従前の四倍もの積替輸送が出来たとされる。

それから、日本から行く飛行機が関西空港のみでは不便ということで、成田空港から直接飛ぶように持っていった。私が政治家を辞める直前に、モンゴルから北極星勲章という勲章を頂戴できたのは誠に光栄であった。モンゴル大使館には時々訪問していたが当時、まだ幕下だった朝青龍がよく大使館に遊びに来ていて、その頃からの知り合いだが、「何か見所があるなぁ」と思っていたら、あっという間に大横綱になったのも感慨深いものがある。

現在、モンゴルでは、ウランバートルの飛行場から市内にいたる道に植林をし、並木にする計画を進めているが、平成一八年八月に小泉総理がモンゴルに行った際も、小泉総理とエンフボルト首相と一緒に木を植えてもらう段取りをした。このようにモンゴルとの関係は非常に良好で、私が国会を辞めてからも、日本モンゴル親善協会という協会の名誉会長を拝命しているが、これも外務の仕事を長年やってきた一つの成果である。

もう一つ、韓国との関係では、森元総理が会長を務める日韓友好議員連盟に所属し、日本と韓国を結ぶ海底トンネルを作ろうと提案した。そうした御縁もあって、私は、現在日本のＮＰＯ法人日韓トンネル研究会の会長も引き受けている。竹島問題で喧嘩しているよりも、日韓トンネルで両方が手を握って進めたらどうだろうかと、総理にも日韓友好親善のプロジェクトとして取り上げてもらえるようにと、考えている。

予算委員会・決算委員会

国会に入った直後から予算委員会の委員になり、また、末席の理事から筆頭理事まで五回にわたって予算の理事も務め、予算委員会には常時出席をしていた。

国政を左右する全ての事項には予算が伴い、何事も必ず予算委員会で議論することになっているため、予算委員会は、国会の花形委員会とされている。また、予算委員会では、与野党を含め、直接、総理と対話ができるため、野党の先生も非常に重視している。さらに本会議と違い、予算委員会では対話形式でやり取りができるため、テレビで見ている国民の皆様にもよく分かるように話をすることが大事である。

そんな予算委員会の理事を五回もやったことは、非常に勉強になった。とにかく予算を通過させ、委員会を止めてはならないのだが、議論はいくらでもある。野党の先生の質問を聞き、閣僚の答弁を聞いて、委員長の采配に気をつけ、問題がパンクしそうなときには、理事会ですぐ引き取るとか、別途協議するとかいう形で円滑に進めなくてはならない。時には、自分が質問に立ち、間をつなぐこともある。

予算委員会の仕事をやらせていただいたお陰で、自分の専門を越えた国政全般に関する見識が醸成され、大きな力となったことは有り難いことであった。

その予算委員会と同様に大切なのが、決算委員会である。

通常、会社などの決算総会となれば、株主を集め、詳細を報告し、社運をかけた議論になるが、決算委員会も非常に重要な位置を占め、その委員長を引き受けることになった。

決算の審査というのは、予算に比べるとだいぶ遅れるもので、一年遅れるのはやむを得ないにしろ、二年も三年も遅れて委員会が開かれるという当時の状況を見て、少なくとも前年の決算が次の年の予算編成に反映できるようにしようと進めることにしたのである。

決算重視という参議院の立場から国会の運営も徐々に変わり、最近は会期中でも決算委員会が開かれるようになったが、私がやっていた頃は、閉会中の審査であった。他の議員が外国に行ったり、選挙区へ帰っているときに、一生懸命議論をし、決算の審議を厳しく行っていたのである。

決算委員会には、会計検査院からの監査報告書が出てくるのだが、その中に、何千万円、何億円の不始末があったというようなことも合わせ出てくる。その不始末を起こした担当者は処分され、その処分者リストも来るのだが、何百人という単位である。

そして、当時、一番処分が多かったのは郵政で、郵政を改革しなくてはという理由も、実は、この辺りから来ているのである。ただ、郵政が立派だったのは、郵政職員の不正、不始末というのは、ほとんどすべて郵政監察という内部チェックで見つけ出し、処分している点であろう。刑事事件として公になったものもあるが、大部分が内部監察の結果で判明してくる。

どこかの県で隠し予算があったとされているが、ああいうことが内部で放置されてしまうことが良くないので、国の機関というのは、内部チェックをしっかりし、健全に維持することが大事なのである。民営化の良い面は、自分たちが本気でやらなければ会社が潰れるという意識にある。税金を使っているという自覚よりも、さらに強い意識で経理会計をやらない限り、倒産の危機があるという認識が重要となるが、国の場合、その危機がないために、もらった予算はとにかく使い切ってしまうという方向になってしまう。

こうした重責を担う決算委員会の委員長もやらせて頂き、他にもいくつかの委員会に出席したが、運輸委員会（後の国土交通委員会）、外務委員会、予算委員会などが、私の主戦場であった。

加えて、新幹線関係や鉄道関係などでは、前述したように、整備新幹線建設促進議員連盟が一番大切な仕事で、当選以来ずっと続けてきた。この議員連盟の仕事の中から、新しいスキームを考えて党の交通部会や建設促進特別委員会に反映させ、さらに、国土交通省、大蔵省、自治省等に広めていくよう務めたのである。今日でも、参与ということで議員連盟に入れて頂いており、政策提言が引き続きできるようになっている。

新しい交通機関、磁気浮上式の鉄道として期待されているリニアエキスプレスにも議員連盟があり、これにも参加していたが、一日も早く実用化できるように、まずは山梨の実験線の建設、さらには、そこでの運用とコストを安く作る方法を議論し現在の基本計画を整備計画に格上げしていくための一連の仕事も応援している。それと平行し、大深度地下利用の促進議員連盟や筑波エキスプレスの議員連盟なども参加していたが、これからも自分が役に立てる場面では、引き続きお手伝いをしていきたいと考えている。

祝日連休法の提案

平成五—六年、野党に転落した時は、野党として何ができるかを考え、議員立法を大いにやろうということになって進めたのが、大深度地下の議員立法と祝日連休法などである。日本の祝祭日は、現在一四日が基本としてあるが、これまでは、成人の日が一月一五日、体育の日が一〇月一〇日、海の日が七月二〇日というように、主に日付を中心に決まっていた。それぞれに故事来歴があり、それが祝祭日に認められていた。ところがアメリカを含む諸外国では、祝祭日を近接する月曜日に移動させ、土・日・月と三連休にして休みの日を有効に使うという国がいくつもある。日本もそうしたらどうかという提案が私の支持者のほうからもあり、日本にある祝祭日のうち、主に皇室行事に関係のない祝日を四日間だけ選んで月曜日に振るという法案を用意したのである。

皇室行事に直接関係ない祝日は、まず、昔の小正月である一月一五日の成人の日。次に、七月二〇日の海の日は、明治天皇が函館から船で帰ってきたという故事があるが、それはたまたま行事があっただけで、昔からの伝統ではない。それから、九月一五日の敬老の日と一〇月一〇日の体育の日も、特に故事来歴があるわけではなく、皇室行事とは無関係。そこで、この四日を選んで案を出したのだが、党内が賛否両論、相分かれてしまった。若い人は「おもしろい、是非やろう」となったが、お年寄りは否定的で、特に立場の高い人からは、「日本らしくない。けしからん」と、お叱りも受けた。

世論調査では四分六ぐらいで賛成派が多かったが、国会は難しい人も多いので、まず、地方から話を進め、主に観光地を抱えている都道府県や市町村に、「二連休よりも三連休のほうが、お客様が増えますよ」と提案した。すると、六七〇ほどの市のうち二五〇くらいが賛成し、四七都道府県の議会は全部賛成してくれたのである。そして、国会議員の先生も、自分の選挙区が賛成にまわったら賛成せざるを得ず、雪崩を打ったように賛成派が増えたのである。

ただ、敬老の日と海の日には問題があり、特に敬老の日は、お年寄りや老人クラブの方が、戦後営々として努力して九月一五日を敬老の日と定めたのに、勝手に動かされちゃ困ると、強く反対されたのである。「私らは、毎日が日曜日で、祝日がどこへ行こうが関係ない」と、えらく怒られてしまった。また、できたばかりの海の日がすぐに変わることへの抵抗感などもあり、この二つの祝日は少し待つこととなったのである。喧嘩してまで通す法案ではないため、じっくり議論をし三連休にしたほうが子供さんたちやお孫さんたちが、おじいちゃん、おばあちゃんのところへ遊びに来やすくなると説得し、祝日としての休みは直近月曜日に振るが、九月一五日は年寄りのための日、敬老の日ということで今後とも残すことにしたのである。

この法案が成立し、暦の上から自動的に三連休になるケースもあるが、平均して一〇回ぐらいの三連休が、現在、暦の中で出てくることになっている。運動会などの行事をやる際も、土・日・月と予定が組め、雨天順延にすれば、必ずどこかでできるようになる。旅行業界も含め、何千億円という経済効果があるとされ、とても喜ばれている。

議員立法というのは、一人で言い出し、だんだん広げて同志を募って法案を通していくという点で、とても楽しい仕事である。現在国会で通る法案の約一割前後が議員立法になっているが、やはり議会であるからにはお役所から出てきた閣法ばかりでなく、議員のアイデアで立案すべきだろう。アメリカなどではすべて議員立法だが、今後とも議員立法は大事にしなくてはならないと考える。

(二) 法務の仕事

法務大臣

正式には平成一五年の九月二二日に法務大臣の指名があったのだが、その前の晩に、小泉総理から電話が来て、「君、明日は国会の近くにいてくれよな」と言われたのである。同期の連中やら後輩がだいぶ入閣していたし、「ボツボツ順番はまわってくるかな?」と思ってはいたが、事前の連絡は一切なく、総理自身から「次はおまえだ」という話もなく、前の晩に、そういう電話があっただけであった。

翌日一時頃に呼ばれて官邸に入った際、既に一七人予定者が来ていたのだが、誰も何も聞いてない。「お前どこだ」「お前どこだ」と、お互い顔を見合わせて言っている。ただ、呼び込みの順序は決まっていて、役所の建制順に呼ばれるのである。最初に呼ばれたのは麻生さんで総務大臣。二番目に私が呼ばれ、自動的に法務大臣と判った。入って紙を見ると、やはり法務大臣。三番目が外務大臣、四番目が財務大臣となっている。

紙には特命事項が三つ書いてあり、一つが治安の回復、二つ目が司法制度改革、そして三つ目がＰＦＩの刑務所を作ってくれとなっていた。

治安の回復は、女の人が一人夜中に町を歩いても心配ないような、そういう安全な国、安全な町の日本に戻すことであった。その頃、犯罪が激増し、一四年に三六九万件という史上空前の認知件数であった。それをとにかく減らすということが第一番の特命。

二番目の司法制度改革は、五年越しの議論をしてきた法案を一〇本用意し、これを通してくれということで、その中には裁判員制度も入っていた。

三つ目がＰＦＩの刑務所。「プライベート・ファイナンス・イニシアティブ」の略で、要するに、民営の刑務所。国鉄の民営化をやったのだから、刑務所の民営化もやれということであった。

小泉特命

特命第一の治安回復については、犯罪対策閣僚会議を立ち上げ、行動計画というものを作り、一二月にはそれをまとめた。総理以下全閣僚に協力してもらい、治安の回復は急務であり、まず第一に自治会や隣組といった地域の連帯意識を回復しようという方針を打ち出した。

第二はお巡りさんが不足して空き交番が目立つので警察官の増員を行い、必要によりＯ

Ｂ警官にも協力してもらうことを提言した。

第三は、不法滞在の外国人が多すぎ、治安を悪化させているという点から、当面は不法滞在の外国人を半減させようという目標を立て、これをどんどんやり、歌舞伎町の浄化なども進めた。

第四は、日本の刑法は甘すぎるとされているため、刑法の見直しを国際レベルまで厳しくした。近年、交通違反の罰則が大分厳しくなったのも、そういう背景がある。

第五は、ハイテク技術を活用しようと、常夜灯をつけたり監視カメラをつけたりしたが、これは絶大な効果があった。盛り場などでは、監視カメラをつけただけで犯罪が三分の一くらいに減っているのである。お陰様で刑事事件は毎年減少を続けている。

二つ目の小泉特命である司法制度改革は、必要な法律を通し、新しく裁判員制度も発足できることになった。これは、二一年五月から開始された。私自身も出演してＰＲビデオを制作し、全国で理解を広げるよう努力したものである。

三つ目の特命民間刑務所、ＰＦＩ刑務所については、民間の資金で民間の団体業者が施設を作って運営し、二〇～三〇年したら国にそれを寄付するというＰＦＩの典型的な例をやることになった。

一年の研究準備期間を経て、現在、山口県美祢市に千人規模のＰＦＩ刑務所が発足し、島根県、栃木県、兵庫県が続いている。また、千人あたりで約三〇〇人の職員が必要となるが、これも、半分は民間に任せられるということが、実績としてはっきりした。

さらに、今後は、既存の刑務所をＰＦＩに見直そうという方向も出ている。

こうした法務大臣の仕事を一年間無事やりとげたが、これからの課題としては、こういった法務省の仕事をボランティアとしてお支えする為に、保護司会の顧問を拝命して、保護司の皆様方と協力して、仮釈放になったり、執行猶予になったり、保護観察が必要な人の世話をしていこうと考えている。

一五年の九月という議員の任期最後に決まった法務大臣は最後のチャンスであったが、かえって重要な仕事を多く任され、充実した一年であったことは間違いない。

死刑執行の署名

三期一八年に及んだ参議院の任期が平成一六年七月に切れ、国会議員としての役割を終えたが、小泉総理の配慮でそのまま法務大臣として閣内に残り、この年の九月までは民間人の立場で閣僚を務めることとなった。

この二ヵ月間は国会も閉幕しており、平穏な期間であったが、私にとっては生涯で一番重い判断をすることになる。法務大臣として最大の懸案事項である死刑執行の署名があったからだ。

就任早々から記者会見などで「死刑についてどう考えるか」とたびたび聞かれてはいたが、現実の仕事として改めて書類が上がってくると、改めて厳粛な気持ちにならざるを得ない。

裁判記録が山のように積まれてくるのだが、その中に綴られている被害者や遺族の心情を思い、また、多くの死刑に関する判例に照らして決断をしなくてはならない。法治国家の責任者としてこれほど重い判断は初めてであり、また最後であった。

アムネスティの団体や死刑廃止議員連盟の先生方、あるいは宗教団体の方々などから、死刑の執行停止について、ご意見や陳情が多数寄せられており、また、文献等で調べてみても、世界的に見ると、死刑の廃止、あるいは執行停止とする動きも大きな流れになっているのである。

だが、残念ながら日本の現状は、死刑をやめるわけにはいかないというのが実態である。世論調査でも、八割以上の人が、「死刑は必要である。やむを得ない」と考えており、国民感情はやはり無視するわけにはいかない。

歴代の法務大臣の多くは執行のサインをしているが、中には宗教的な立場や個人的な信念に基づいてサインをしなかった方も何人かいる。だが、法務大臣を拝命したからには、やはり法の秩序や同種事件の再発を防ぐ抑止効果を考慮する必要があり、また、被害者家族の心情などにも思いを致すと、残念ながら日本においては執行を停止するということはできないと覚悟を決め、サインをしたのである。

世界的に見ると、まず、ヨーロッパ各国はほとんど廃止、もしくは、停止の方向に行っており、アメリカの場合は、州によって死刑を廃止か停止しているところもあるが、大部分の州はまだ死刑執行を認めている。一方、隣の中国などでは、何千人という人が毎年死刑になるというような厳しい状況もある。残念ながら日本では、まだ改善すべき点が多々あり、死刑執行はやむを得ないというのが実情である。

個人的には、死刑の必要のない、犯罪の少ない社会が一日も早く実現できるよう、法律の改正なり、モラルの向上なり、国民全体の考え方がその方向で動いていくような状況になることを願っている。そして、そのための努力をこれから地道に積み重ねていくことが大事ではないかという思いである。

死刑執行の署名は、大変厳しい仕事ではあったが、遺族の心情や立場を考えた時、また、現在の法律、法治国家の建前としては、やむを得ない仕事であったと思うのである。

司法制度改革

治安の回復、司法制度改革、ＰＦＩ刑務所の建設といった小泉総理からの特命の中で、私が最も力を入れて取り組んだのは、司法制度改革の仕事であった。政治改革、行政改革、財政改革、経済関係の様々な民間による改革、あるいは官も含めた形での金融制度の改革などの一連の改革が続いた中、最後に取り組んだのが司法制度改革である。

では、この司法制度改革というのはいったい何か、そして、なぜ司法制度改革が必要になったのかといえば、日本は明治以来、百年以上にわたって近代的な法治国家としての形を営々と、また着々と整えてきたが、法律は一度作ってしまうとなかなか変えにくいという問題がある。

例えば、帝国憲法は不磨の大典と言われたが、敗戦により、アメリカの占領軍がこの憲法では具合が悪いということで、現在の新憲法に改正された。しかし、現段階で既に六〇年も経過し、新憲法と呼ぶにはふさわしくなくなっている。そこで憲法を改正しようと、各党、特に与党である自由民主党を中心に取り組んでいるのだが、一度作った法律は、直すのが難しいものである。実際の経済の実態、社会の状況、技術の進歩、国民の意識の変化……、こういった時代の変化に、どうしても法律が遅れてしまう。法律ならびに法律に基づく司法制度が、社会の実態の変化から遅れ、逆に法律がその社会の動きを縛ってしまう、あるいは発展をとめてしまい、自由な活動を制約するという問題が、最近になり目立つようになってきたのである。

日本の社会がこれからも発展・成長して行く為には、現在ある法律を全面的に見直して、司法の様々な制度をもう一度スタートラインに立って見直したらどうかというのが、司法制度改革の始まりであり、必要性でもあった。

一連の政治、行政、財政、経済、社会等の様々な変化に合わせ、司法の分野もしっかりと見直す必要がある。日本をますます活力のある、自由で発展的な社会にしていくためには、現在の法体系、司法制度そのものがブレーキになってきてしまっているということから、必要性が叫ばれ、平成一一年から議論が始まった。

司法制度改革は、亡くなられた橋本龍太郎総理の時に発想され、橋本総理から小渕総理、森総理から小泉総理へと四代の総理に受け継がれ、取り組まれてきた。その間、司法制度改革本部ができ、この本部長は総理が務め、副本部長を法務大臣が務めた。平成一一年に司法制度審議会ができ、一三年の答申に基づいて立法措置を始めて、一四年、一五年と法律を通して、一連の制度改革が行われたのである。私が法務大臣になったのは平成一五年九月で、一六年の通常国会で法律一〇本を国会に提出した。合わせて全一七本、この一連の法律によって、司法制度改革にひと区切りがついた。

司法制度改革の一番の目的は、活力のある社会を作ることであり、そのためには、個人も会社も団体も、自由な発想や行動ができることが必要となる。だが、それは、あくまでルールの中で行われなくてはならない。もし問題があれば、それを事前に規制するのではなく、事後チェックで正していくことが一番大事なポイントとなる。「あれをしてはいけない、これしてはいけない」という事前規制では、行動が制約されて、伸び伸びした生活や経済活動ができないが、自由に好きな事をやっても良いという雰囲気なら、人間も、社会も、会社も、団体も、いい成績が上げられる可能性がある。ただし、それはルールをはみ出さない範囲、もしはみ出したら、そこは司法の制度で救済する。事前規制から事後救済へ変えること、これが司法制度改革の一番のポイントである。

もう一つ大事なことは、司法制度改革が必要になったことは、国民の生活、特に経済の面で国際化し、あらゆる問題が国際的なルールで比較をされるようになった点。グローバル化という流れの中で、旧来の日本の法体系、司法制度というものが必ずしもそれに順応できる体制になっていないのである。世界の流れに乗っていく為にも、司法制度改革をしっかり進めることが大事で、具体的には、例えば、知的財産や著作権といったものを評価する際など、国際的なレベル、共通のルールでやらなければならない。また、人権なども、国内の法律よりも国連の人権規約を中心に世界中が今、動いている。こうしたルールに沿って、国内の人権関係の法律規則も改めなくてはならない。より身近な問題としては、外国へ行ったり来たりする時の手順や手続きには、旅券の交付や入国管理の際の身分の点検などがいろいろと必要になるが、こうしたことも国際的なルールの下になるべく出入りが自由な国にしなくてはならない。

このように、自由な行動に対する事後チェックや国際的なルールに合わせた国内法の整備、あるいは新たな規則の制定のためなどに、司法制度改革が必要になってきたのである。そして、関係の法律一七本を通し、今後も、一—二本の追加がある見込みとなっている。

この仕事の一番中核的な法律を、私は大臣の時に、国会審議にかけ、通過をさせることができ、これは大変光栄な仕事であったと思っている。

法科大学院の設立

現在、裁判官、検事、弁護士といった日本の法曹人口は、約二万人となっているが、国際的に見ると、これは非常に少ない人数である。アメリカの法曹人口は大変に多いことで知られているが、ヨーロッパと比較しても日本では数があまりにも足りないとされて、まず、法曹人口を現在の倍増以上、二万人を五万人ぐらいまで増やすべきであると指摘された。そのためには、今までのように大学の法学部だけでは足りないので、法科大学院を作り、一般の大学を出た人や社会に出た人をもう一度迎え入れ、二年ないし三年のコースで専門的な知識をつけさせるという案が出たのである。これまでのような単なる座学だけではなく、実際の実務経験を経た人に法的な意味でトレーニングし、多様化・多角化している実態社会の状況、世の中のわかる法律家を養成するというのが、法科大学院の目的である。

また、司法制度試験が非常に厳しく、合格率が低いために法曹人が増えなかったという側面もあったので、大学院でしっかり勉強し、大学院を出た人の半分くらいは法曹人になれるようにと、大学院卒業生の司法制度試験は合格率を大幅に上げて行われるようになった。平成一八年に行われた第一回の試験では四八％の合格率、約五割近い人が試験を通っている。

今後、毎年六〇〇〇人ずつ卒業生が出てくるが、そのうち三〇〇〇人くらいが弁護士、検事、裁判官になれる見込みである。一〇年後には、五万人くらいの法曹人口を揃え、弁護士がいないような町や村を日本からなくしていくことが、まず手始めとなる。

裁判員制度の創設と法テラスの設立

自分の抱えている問題、悩み、困ったことを誰にどのように相談したらよいか、法律は複雑で分からないという声もあるため、法律相談の案内をする意味で、総合法律支援という法律を作り、「法テラス」という機関を創設したのである。この「テラス」というのは、縁側という意味のテラスと、もう一つ、法律によって世の中を「照らす」という意味が含まれている。

全国で五〇〇―六〇〇〇人くらいの人数を抱え、事務所を五〇ヵ所以上作り、電話相談を受ける。そして、この問題はどこに頼めばいいかという案内をし、弁護士が必要なら国選弁護士を紹介してもらえる。民事で法律の相談に乗ってもらう場合では、被害者としての補償や法律による扶助、援護の仕事なども行う。こうした五つほどの項目に関して相談に乗る窓口が、全国で平成一八年一〇月からスタートしたところである。

また、裁判員制度を作ろうということで、国民参加の刑事裁判を日本でも実現することにした点が重要で、これが司法制度改革の大きな目玉の一つである。

裁判員の参加する裁判制度は、「裁判員法」と一口に言っているが、アメリカやイギリスでは「陪審員制」が実施され、一二人の陪審員が有罪か無罪を決め、その刑期その他は専門の裁判官が決める制度が以前より普及している。ドイツやフランスなどのヨーロッパでは、参審制として専門の裁判官と裁判員が参加して有罪・無罪から量刑まで一緒になり、多数決で決めていく制度となっている。

日本の場合、両方のいいところを取り、どちらかというとヨーロッパの大陸系の参審制に近い形の裁判員法を作ったのである。ヨーロッパの参審制では、裁判官二ないし三に対して、三ないし四の裁判員がつくことが多いが、日本では三人の裁判官に無作為に選ばれた六人の裁判員が参加し、合計九人の合議によって、有罪・無罪、量刑、懲役何年ということまで決めていく。

この参審制に参加する裁判員は、衆議院・参議院の選挙人名簿から二〇歳以上の一般国民の中からくじ引きで決める。そして、どんな事件を裁くかといえば、死刑を含むような重大と見られている刑事事件となる。重大な刑事事件は、年間三〇〇〇件ほどあり、これを当面は対象にしていくことになっている。毎年三〇〇〇件くらい起こることを想定し、各市町村に頼んで裁判員の候補者を出してもらい、その候補者の中から裁判所が一つの事件について六人選ぶことになる。さらに予備員三人を含めると九人になるが、辞退する人も出てくるため、実際は、その五倍から一〇倍くらいの人を裁判所に呼び、面接をして選ぶことになる。事件が起これば、その候補者の中から男女比や年齢を含め、バランスを取って選ぶことになる。

ただし、専門の法律家や行政のトップは、職業的に裁判とは馴染みにくいし、三権分立の観点から国会議員や首長、立法や行政の責任者などは除いている。

原則として「国民の新しい義務」として参加してもらうことになっているが、国を守る自衛隊や学業に専念すべき学生などは参加を辞退することできるようになっている。また、自らの病気や家族の介護をしていて参加が難しいケースや、本人がいないと工場が止まってしまうというようなやむを得ない事情のある人なども辞退でき、七〇歳以上の人も断ることができる。

大勢で高い所から見つめられると圧迫感を受けるという観点から、裁判官の席を互いに顔を見合わせる円弧型にして被告に向き合うように形を整えるという点や、今までの三人が九人へと人数も広がるので、裁判所の構造そのものも直す必要がある。現在こうしたかたちで整えるよう、いろいろと準備を進めて、平成二一年の五月からスタートすることができた。

新しい制度になると今までと比べて何がどう良くなるのかという指摘に関しては、まず、一般の国民の常識的な判断が裁判に反映されることである。この人は死刑にすべきかどうかといった非常に重い判断も生じるが、例えば、奈良の女子殺害事件などは、被害者がたった一人でも許せないということであれば、死刑判決もやむを得ないという事例が挙げられる。

もう一つ大事なことは、裁判期間が短縮されるということ。これまでなら一年も二年もかかっていたものが、一週間か二週間、多くの事件は数日で結審できるようになる。これは「連日的開廷」といって、毎日裁判を続けて結論を早く出すようにするのだが、ここで重要なのは、事前に問題点をよく整理し、資料を整え、争点を明らかにしてから裁判を始めることである。これは「裁判前整理手続き」と呼ばれているが、量刑の前例・先例などの色々な参考資料をしっかり整え、それを参考にすることで、裁判員も分かりやすくなり、裁判も早くなるのである。

この制度は、庶民の感覚が裁判に反映できる。「法律のことは何にも知らない、裁判所に行ったこともない、六法全書を見たこともないという人が大部分で大丈夫なのか?」「専門でない人が人を裁けるのか?」といったこの制度を疑問視する声もあるが、この点は、専門の裁判官がついて、必要な助言や参考意見を言ってくれるようになっている。そして、この制度で重要なのは、専門の立場だけではなくて、庶民感覚としてどう事件を捉えるかという点なのである。

平成二一年五月から裁判員法が施行された結果、裁判員を経験した方々の九七%が、

「やって良かった、役に立った」と感想を述べられていることはありがたいことである。

テーミスの心

そもそも裁判は、古代民主主義が始まったギリシャ時代から何千年という歴史があるが、その当時も広場に人が集まって裁いた。長老が仕切るなど色々なケースがあるが、「どうですか皆さん?」という問いに、杖をついたり、足を踏み鳴らしたりして、一般の人が決めたとされている。当時からギリシャでは、公平公正にものを判断するという考え方が定着していた。

ギリシャ神話の中に、テーミスという女神が登場するが、この神は、左手に秤を持ち、これで犯した罪の重さと罰を計り、右手には破邪の剣を持ち、正しい判断を下すとされる。また、テーミスは目隠しをしていて、相手が美人であるとか、立場が高い人だとか、金持ちであるとかということを一切抜きに、秤によって公平公正に考えるとされ、当時の民衆裁判でも、公平に考えなくてはいけないという概念が定着をしていたのである。

このように古代民主主義における裁判は非常に健全であったのだが、その後、封建時代になると、裁判の権限を領主や王様などが独占して、領主にとってけしからん者は全部断罪するように変質していった。これではいけないということで、近代国家が成立したフランス革命以降では、法律によって人を裁くことになり、その法律に決めていないことは罪にならないという時代が続き、法治国家ができ上がった。

ところが、その法律が非常に多岐に渡って難しくなり、専門化してくると、今度は一般の人に法律がわからなくなってくる。そうすると、裁判官とか検事とか弁護士とか、いわゆる法律に関するテクノクラート、専門家が法律の問題を独占する時代になってしまう。これではいけないということで、国民参加の制度、陪審制とか参審制が、全世界で普及してきたのである。

日本もようやく、その一角に辿り着いたことになるが、ＯＥＣＤ諸国では、すでに陪審制や参審制など、何らかの形で国民参加の裁判制度が実施されている。

昭和三年から一八年までの一五年間、戦前の日本、旧帝国憲法の下でも、裁判陪審員の参加する法律制度があった。これは、大正のデモクラシーの成果で始まったのだが、当時は、陪審制でやっても良いし、一般の法律でやっても良いという選択制であった。ただ、戦争中で男が少なくなり、また選択制で裁判を受ける側も判断に苦しむということなどから、昭和一八年で中止になり、残念なことに、そのままになってしまった。

当時の状況から考えると止むを得なかったのだが、現在も、裁判員制度に対する世論を見ると、理由理屈はいいが参加したくないという人が七割もいたのである。そこで参加することの意義を説いたビデオテープを五万本作って学校教育や社会教育などに使ってもらうようにするなどPRをした結果、ようやく六割を越える方が裁判員制度に参加すると答えるようになってきた。

また、裁判で裁判官や裁判員同志が議論した中味は口外しないことになっている。誰がこう言ったとか、あの人がこう言ったとか、被告を含め、プライバシーに関わることは一切言わないことになっている。それ以外に公開の法廷で出てきたことに関しては全てPRしてもらって結構だが、守秘義務という条件が一つ付いていることは注意する必要がある。

これからさらに努力し、何としてもこの制度を具体化し、誇りを持って参加できるような仕組みにしていきたいと考えている。

更生保護制度の改革

刑期半ばで世の中に戻り、社会生活の中で立ち直りをさせるのが仮釈放という制度である。そして、この仮釈放になった人の世話をするのが保護観察官で、民間からボランティアで参加してもらっているのが保護司である。更生保護婦人会やビッグブラザーズアンドシスターズと呼ばれる篤志家の人々が保護司と共に世話をしながら仮釈放となった人の社会復帰を目指していく仕組みになっている。

ところが、近年、仮釈放になった人の中から、奈良の少女殺害事件や安城のスーパーマーケットで赤ん坊をいきなり刺し殺すという事件、あるいは青森や東京を行ったり来たりしながら女性を監禁する傷害事件などを起こす人が出てきた。そして、「今の制度はまずいのではないか」、「仮釈放したこと自体が間違いではないのか」、「保護観察が充分でなかったのではないか」という世論が高まり、この制度全体を見直そうということになってきた。

有識者一〇人に指名があり、私が座長として一年間、この制度を見直す議論をしたのだが、これがなかなか難しい。刑務所に入り、刑期を短縮して出てきた人の四割が、また五年以内に罪を犯して刑務所に戻っており、満期になって出てきた人の実に六割が刑務所に再び戻る状況にある。

刑務所から出てきた人は社会から隔絶されていたため、生活に関する能力、いわゆる世の中を渡っていく知恵とか職業、知識とか技量というものが欠けている。そこで、できるだけ皆で助け、世のため人のために役に立つような仕事の世話をし、住む所を確保してあげることが大切となるが、住居や仕事の世話をすることで、再犯率が五分の一に減ることも分かってきた。

一年をかけて議論をした結果、国の責任として保護観察官がしっかりとリーダーシップを取り、民間の保護司と協力することで、一度過ちを犯した人達も立派に立ち直れるし、また皆で助けながら共存共生の社会を作っていかなくてはならないと、更生保護の制度をしっかり再構築するための答申を提出したのである。

保護観察官は全国で一四〇〇人くらいいるが、このうち現場には六五〇人ほどがいる。この人たちの専門的能力、つまり、社会的・心理的な面で人を立ち直らせていくスキルやカウンセリングの技量、人格的な影響力など、人間力を涵養するということが大切である。また、保護観察官に従わない、ルールを守らないような人は、直ちに法的手続きを取り、また刑務所でやり直してもらうという、法的な拘束力も必要である。

要するに、柔軟かつ強力な保護観察制度を構築することを提案しているのだが、そのためには、保護観察官を増強し仕事の世話をする協力雇用主の数を増やすことに加え、仕事の訓練をし、独立することを支援する「支援センター」を作ることなども進めている。答申を出し、それに基づき国会に新しい「更生保護法」を上程し、審議を進め、平成一九年六月に成立、平成二〇年六月から施行となり立直り復活を強力に推進することとなった。

この法律により現場の保護観察官や保護司の皆様が復活立直りを支えるために実効性のある保護観察の施策が、推進できるようになった。

私の健康法

二〇年間ほど政治活動をやってきたが、お陰さまで体の都合で予定を変えたことは過去に一度もない。国会議員の仕事は、大勢の方が協力し、手伝ってくれるが、健康管理だけは自分の責任である。家内には随分と協力してもらった面もあるが、やはり何といっても本人が工夫し努力することが重要となる。親から貰ったＤＮＡが健全でも、それを維持するのは本人の責任である。健康に大切なのは食事と運動で、特に食事は色々と心がけ、私は「食養の三原則」を守ってきた。

第一原則が「身土不二」、第二原則が「一物全体食」、第三原則が「常食不飽」である。

まず、「身土不二」とは、「身と土は二つにあらず」、つまり、自分の生まれた所の食事、日本人で言えば和食が一番いいということ。次に、「一物全体食」とは、部分的なものを食べると良くないということ。例えば、牛肉は牛の一部しか食べていないし、刺身は魚の一部しか食べていないことになるが、小魚であれば頭から尻尾まで全部食べられ、全体の食事ができる。一番の大事なことは、主食であるお米で、「白米」を並べてと書くと「粕」という字になるように、白米ではなく玄米を食べるのである。玄米はそのまま完成された食品であるので、あまりおかずも食べなくていいから、食べ過ぎず、普通の半分でもう満足できる。最後の「常食不飽」、「常に食して飽かず」とは、毎日食べても飽きないものは良い食べ物ということ。どんなご馳走でも毎日食べたらウンザリするように、そういうものは良い食べ物とは言えない。また、常に腹八分目ぐらいにしておくという意味もあり、満腹まで食べるというのは健康には良くない。玄米と野菜食を主体に小魚などを食べるのと、この三原則をずっと守ってきた。

また、私は月に一―二度断食し、お腹を一遍カラにするようにしている。断食と言っても全く食べないわけではなく節食する程度。また、漢方薬や下剤などでお腹をカラッポにするが、これで身体が爽やかになり、健康体が回復する。断食と言っても一週間も一〇日も休むほど時間に余裕があるわけではないので、食べるほうは普通に食べ、月に一～二度、お腹をカラッポにするようにしている。また、朝晩風呂に入ってリフレッシュすることや毎日の柔軟体操も心がけているが、月に一度のゴルフなどよりも、毎日の朝晩の体操のほうがはるかに効果的である。

近代医学も活用し、毎年ドックに行って必要な検査をしていたのだが、長年の政治活動で少し身体を放ったらかしにしていたせいか、昨年、一つだけチェックポイントが見つかった。

胴回りが男性で八五センチ、女性で九〇センチ以上は「メタボリックシンドローム」、内臓脂肪症候群の疑いがあるというのだが、私は九四センチもあったのである。「これはいかん」と一念発起し、半年かけて体重を五キロ減らし、胴回りを一五センチ縮めたのだが、その代わり、ズボンが全滅して、サイズ全部を作り直すハメとなった。

先輩の比企元さんが「人間、飲めるお酒の量は一生で風呂桶一杯だ」、「若い頃にあまりガブ飲みすると、歳をとって飲めなくなるからチビチビ飲みなさい」と、飲酒に関して〝チビチビ論〟を説いておられた。お酒は楽しくなるし、体の調子にいいこともあるから少しは頂くが、先輩のチビチビ論になるほどと思った私は、もっぱらチビチビ呑みである。

積極的に取り組んでいる健康法としては、夏のゴルフと冬のスキー。そして、それを支えるためにフィットネスクラブへ行き、ウェイトトレーニングや走りこみをしている。

三浦雄一郎さんが七〇歳でエベレストに登るという時に、足や胴に錘をつけるなど、随分と激しいトレーニングをしたようだが、私もそのトレーニング法を見習って、常時四キロの錘を付けて歩いている。痩せた分はこうして補って、今もあまり筋力が落ちないように努めている。

巻末資料

法務省前にて

全国新幹線の基本計画と整備計画

区分	路線名(区間)	延長
路線合計		6 860km
営業路線	東　海　道(東　京ー大　阪)	2 050km
	山　　　陽(大　阪ー福　岡)	
	東　　　北(東　京ー八　戸)	
	上　　　越(大　宮ー新　潟)	
	北　　　陸(高　崎ー長　野)	
整備計画路線	北　海　道(青　森ー札　幌)	1 300km
	北　　　陸(長　野ー大　阪)	
	東　　　北(八　戸ー青　森)	
	九　　　州(福　岡ー鹿児島)	
	九　　　州(福　岡ー長　崎)	

区分	路線名(区間)	延長
基本計画路線	北　海　道(札　幌ー旭　川)	3 510km
	北海道南回(長万部ー札　幌)	
	羽　　　越(富　山ー青　森)	
	奥　　　羽(福　島ー秋　田)	
	中　　　央(東　京ー大　阪)	
	北陸・中央(敦　賀ー名古屋)	
	山　　　陰(大　阪ー下　関)	
	中国横断(岡　山ー松　江)	
	四　　　国(大　阪ー大　分)	
	四国横断(岡　山ー高　知)	
	東　九　州(福　岡ー鹿児島)	
	九州横断(大　分ー熊　本)	

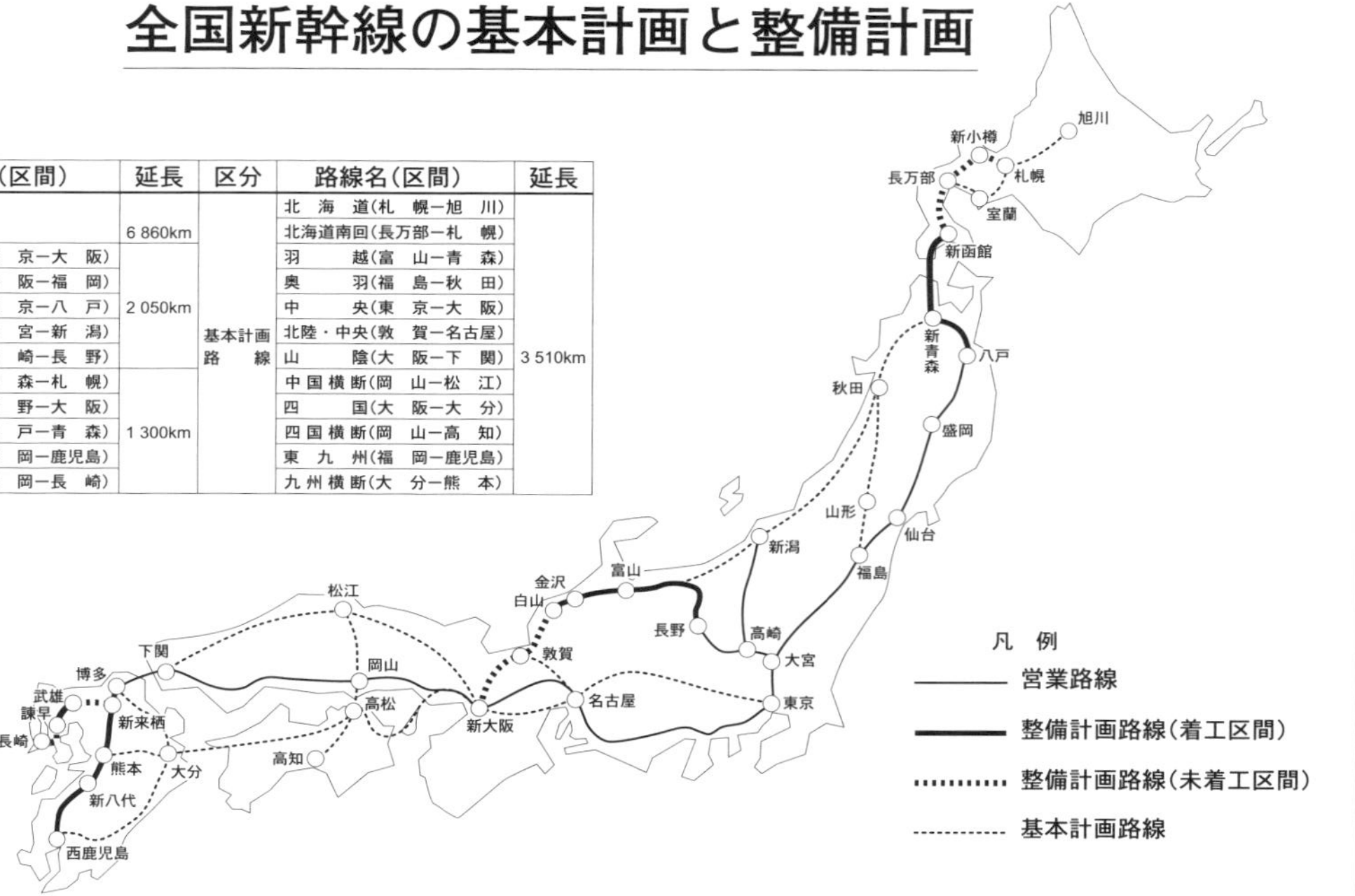

整備新幹線の取扱いについて

昭和六十三年八月三十一日
政府—与党申合せ

一 「整備新幹線の取扱い」については、以下のとおり着工優先順位を決定する。

（一）着工優先順位は、六十三年八月三十日に六人委員会に提出された「優先順位総合評価表」のうち、K、L及びM案（運輸省案）に絞り、検討を行うものとした。

（二）着工優先順位は、次のとおりとする。

① (i) 北陸新幹線（L案のうち、高崎・軽井沢間。標準軌新線。なお、軽井沢・長野間の取扱いについては、一九九八年冬季五輪の開催地問題等を考慮して、三年以内に結論を得るものとする。）

(ii) 北陸新幹線（L案のうち、金沢・高岡間。新幹線規格新線）

② 東北新幹線（K案）

③ 九州新幹線（M案）

④ 北陸新幹線（L案のうち、魚津・糸魚川間。新幹線規格新線）

（三）なお、前項の順位決定に当たっては、従来の整備新幹線の整備計画すべて維持されることを前提とし、これをその第一歩と位置づける。また、今後、経済社会情勢の変化等を考慮して、五年後に見直すこととする。

二 北陸新幹線（L案のうち、高崎・軽井沢間）については、六十四年度には、建設に本格的に着工する。また、その他の区間等についても引き続き着工するが、難工事の部分については早期に着手する。

このため、着工の具体的な手順方法については、財源問題・（国、地域JR等の負担区分等）、並行在来線の廃止の可否及び具体的方法、法制上の論点呼に問し、整備新幹線建設促進検討委員会（親委員会）において更に検討し、地方公共団体及びJRの意見、地元のコンセンサス等に配慮して、本年十二月末までに必ずその結論を得る。

三 六十四年度の概算要求については、本委員会において検討中であるので、運輸省は、とりあえず、整備新幹線についての事項要求を行う。

四 なお、着工優先順位の決定が行われたことを考慮して、着工優先順位専門検討委員会は、これを廃止するとともに、財源問題等専門検討委員会は、整備新幹線建設促進検討委員会（親委員会）に吸収し、今後、同委員会において総合的に検討する。

五 本決定に抵触しない事項であって、従来の各年度予算編成にあたっての整備新幹線の取扱いについての政府・与党覚書に規定されている事項（例えば、昭和六十二年度予算編成における北陸新幹線（小松・武生間）についての着工準備作業所の設置など）は、依然として有効である。

運輸省案のイメージ

標準軌新線 （フル規格）	新幹線直通線 （直通乗入）	新幹線規格新線 （青函トンネル方式）
		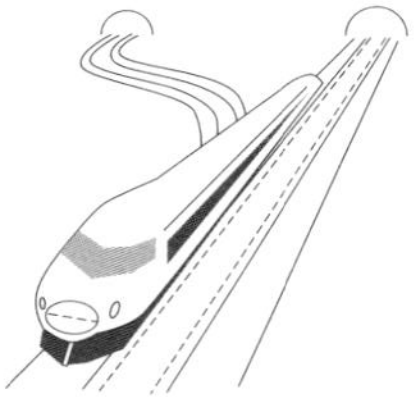
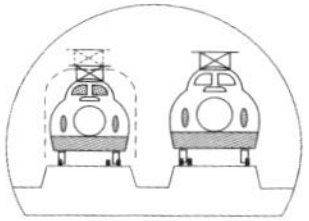	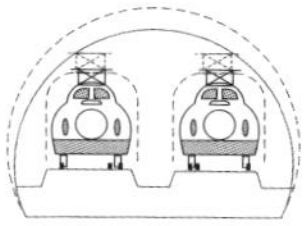	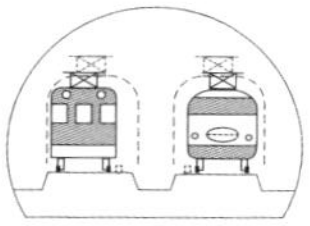
〔最高260km/h〕 ・　新幹線規格の路盤を新設 ・　標準軌を敷設して新幹線が走行	〔最高130km/h〕 ・　在来線路盤をのままで狭軌に加え標準軌を導入 ・　車両は小型の新幹線用車両が走行	〔最高160km/h～200km/h〕 ・　新幹線規格の路盤を新設（将来、標準軌の新設可） ・　当面狭軌を敷設して高速車両が走行

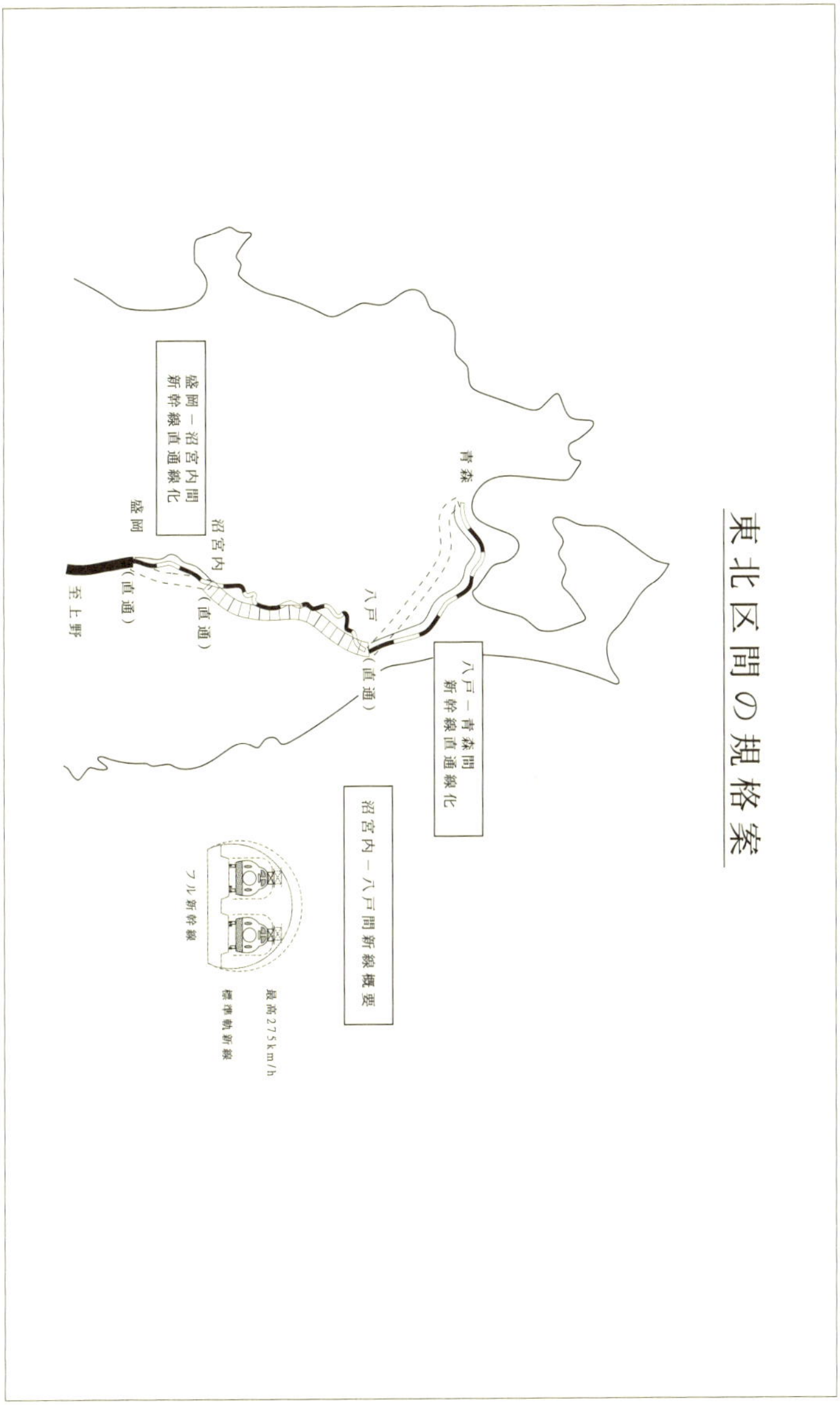
東北区間の規格案
盛岡－沼宮内間
新幹線直通線化
青森
沼宮内
盛岡
八戸
(直通)
(直通)
(直通)
至上野
八戸－青森間
新幹線直通線化
沼宮内－八戸間新線概要
フル新幹線
最高275km/h
標準軌新線

北陸区間の規格案

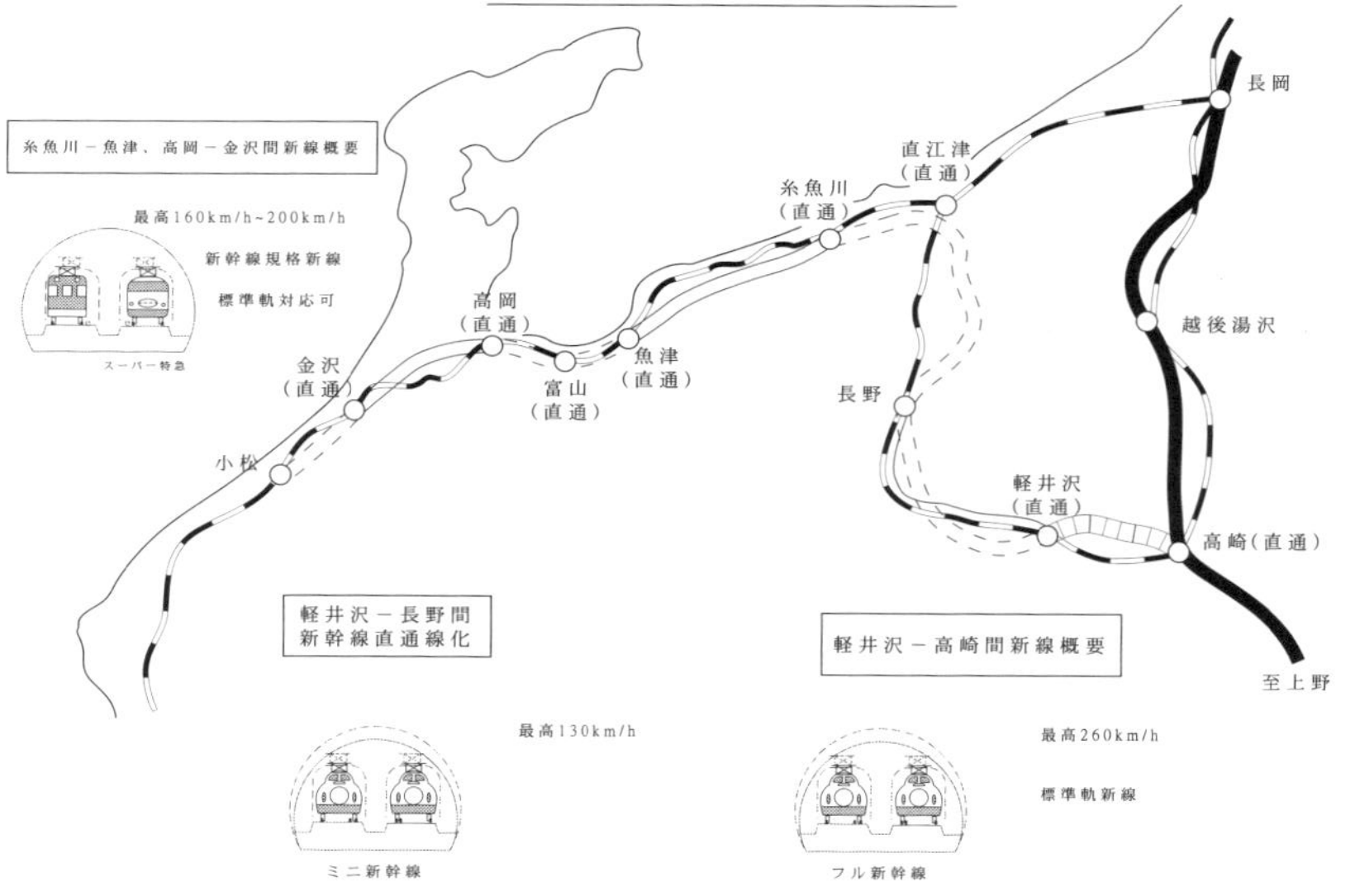

糸魚川－魚津、高岡－金沢間新線概要
最高160km/h~200km/h
新幹線規格新線
標準軌対応可
スーパー特急
長岡
直江津
（直通）
糸魚川
（直通）
高岡
（直通）
金沢
（直通）
魚津
（直通）
富山
（直通）
小松
長野
越後湯沢
軽井沢
（直通）
高崎（直通）
至上野
軽井沢－長野間
新幹線直通線化
最高130km/h
ミニ新幹線
軽井沢－高崎間新線概要
最高260km/h
標準軌新線
フル新幹線

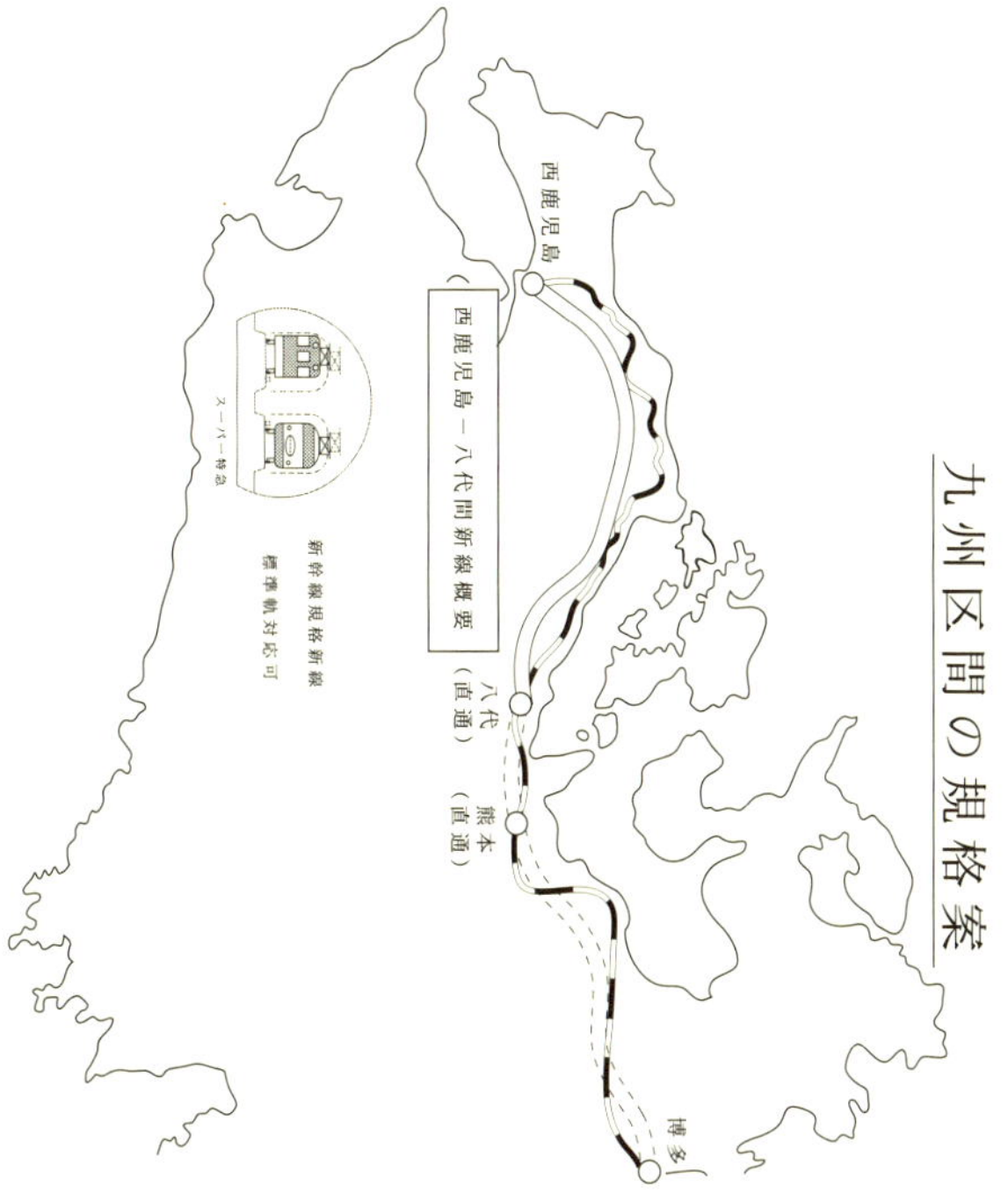
九州区間の規格案
西鹿児島
西鹿児島－八代間新線概要
八代（直通）
熊本（直通）
博多
新幹線規格新線
標準軌対応可
スーパー特急

平成八年十二月二十五日
政府・与党合意

整備新幹線の取り扱いについて

今後の整備新幹線の取り扱いに関し、以下のとおり決定する。

一、整備新幹線の建設費は、国、地方、地方公共団体及び、JRが負担する。

(一) 国については、従前の基本スキームの考え方により措置する（約三十五％）。

(二) JRが鉄道整備基金に支払う既設新幹線譲渡収入全額を国の分とみなし、これに国の公共事業関係費を加えた額を国の負担分、その二分の一を地方公共団体の負担とする旨、全国新幹線鉄道整備法において所用の措置を講じる。

地方公共団体の負担については、JRの固定資産税継承特例が廃止されること等を勘案し、所要の地方交付税措置を講ずる。

(三) JRについては、受益の範囲を限度とした貸付料等によるものとする。

(四) 現在着工している三線五区間についても、上記のとおりに取り扱うこととし、財源を新規着工区間と合体させることとする。

二、新規着工区間の事業規模は、平成三十年度までの間で、概ね一・二兆円程度（一(三)のJRの貸付料等を除く。平成七年価格）とする。

三、今後の整備に当たっては、与党三党の申し入れ（別紙）に基づき、以下により決定することとする。

(一) 政府及び与党からなる検討委員会において、整備区間ごとに、収支採算性の見通し、受益の範囲を限度としたJRの貸付料等の負担、用地確保の見通し、並行在来線の経営分離についての沿線地方公共団体の同意の取付け、JRの同意等基本条件が整えられていることを確認した上で、工事実施計画の認可申請等の手続きの進捗状況等の所要の要件を総合的に勘案して、優先順位を決定し、その順位に従い着工するとともに事業費の配分を行う。

(二) 現在着工している三線五区間については、優先的に整備を進める。

四、並行在来線については、以下のとおりとする。

（一）建設着工する区間の並行在来線については、従来どおり、開業時にＪＲの経営から分離することとする。

（二）具体的なＪＲからの経営分離区間については、当該区間に関する工事実施計画の認可前に、沿線地方公共団体及びＪＲの同意を得て確定する。

（三）ＪＲからの経営分離後の並行在来線について安定的な鉄道輸送を確保するため、当該鉄道事業に係る固定資産について税制上の所要の処置を講ずる。

五、鉄道貨物輸送については、並行在来線のＪＲからの経営分離後も適切な輸送経路及び線路使用料を確保することとし、新幹線鉄道上を走行することを含め、関係者間で調整を図る。

六、平成九年度の整備新幹線関係予算は、以下のとおりとする。

（一）整備新幹線建設事業費千七百三十五億円を計上し、現在着工している三線五区間の建設事業費に千六百三十五億円を充てるとともに、新規着工区間の整備のために百億円を別途確保しておくこととする。
ただし、別途確保の必要がない場合には、これを三線五区間の建設事業費に充当することができるものとする。

（二）従来の建設推進準備事業費三十億円及び駅整備調整事業費十億円に代えて、新たに整備新幹線建設推進高度化等事業費（仮称）四十億円を計上し、新幹線鉄道の高速化効果を他の地域に均てんするための軌間自由可変電車の技術開発等の事業等を推進するとともに、未着工区間における所要の調査を実施する。

七、本申合せに係る事項については、国、地方公共団体の財政事情、行財政改革の進捗状況、建設費の変動等の会社経済情勢等に照らし必要になった場合には、逐次見直すこととする。

八、本申合せに抵触しない事項であって従来の整備新幹線に係る申合せに規定されている事項は、以前として有効である。

（別紙）

一、新規着工区間

（一）東北新幹線
　八戸・新青森（石江）間（標準軌新線）

（二）北陸新幹線
　長野・上越間（標準軌新線）

（三）九州新幹線（鹿児島ルート）
　船小屋・新八代間（新幹線鉄道規格新線）

二、その他の区間

（一）北海道新幹線
　新青森（石江）・札幌　駅・ルート公表
　　環境影響評価
　新青森（石江）・新函館　工事実施計画認可申請
　　町境トンネル難工事推進事業
　　新函館駅駅部調査

（二）北陸新幹線
　富山駅駅整備事業
　小松駅、福井駅駅整備事業

（三）九州新幹線（長崎ルート）
　武雄温泉・新大村　駅・ルート公表
　　環境影響評価
　武雄温泉・長崎　工事実施計画認可申請
　　県境トンネル難工事推進事業
　　長崎駅駅部調査

整備新幹線の取り扱いについて

平成16年12月16日
政府・与党申合せ

一、基本的な考え方

整備新幹線については、整備計画に沿って着実に整備を進める必要があるが、公共事業のあり方について効率化や重点化等の観点から見直しが進められている中、期待感のみをふくらませることは慎むべきである。したがって、安定的な財源見通しを確保した上で新たな着工を行うものとする。

二、既に着工した区間の工期短縮等

今後の整備新幹線の整備に当たっては、その開業効果をできる限り早期に発揮させることが国民経済上重要との観点から、先ず開業時期が近づいている区間の早期完成を図り、次いで既に着工した区間の工期短縮を図ることを基本とする。

具体的な工期短縮の期間は、公共事業の性格上、今後概ね十年程度とすることが適当である。

三、新たな区間の着工

新たな区間の着工については、現在工事実施計画の認可申請がなされている区間のうち、特に整備効果の高い区間や既に着工した区間と同時開業の望ましい区間について新たに着工することを優先する。

また、その際には、収支採算性、投資効果等を十分に吟味するとともに、JRの同意、並行在来線の経営分離についての沿線地方公共団体の同意の取付等基本条件が整えられることを確認した上で行う。

なお、並行在来線の経営分離について沿線地方公共団体が同意するに際し、並行在来線を第三セクターで経営する場合には、沿線地方公共団体はその経営見通しについて十分検討を行う必要がある。

四、各線区の取扱い

○ 東北新幹線

八戸－新青森間　平成22年度末の完成を目指す

○ 北海道新幹線

新青森－新函館間　所要の認可の手続きを経て平成17年度初に着工し、平成27年度末の完成を目指すこととし、できる限り早期の完成に努める

○ 九州新幹線（鹿児島ルート）

博多－新八代間　平成22年度末の完成を目指す

○ 九州新幹線（長崎ルート）

武雄温泉－諫早間　並行在来線区間の運営のあり方については、長崎県の協力を得ながら佐賀県において検討を行うこととし、速やかに結論を出すこととする。調整が整った場合には、着工する。その際、軌間可変電車方式による整備を目指す。長崎駅部の調査を行う

○ 北陸新幹線

長野－金沢車両基地間　フル規格で整備するものとし、富山－石動間、金沢－金沢車両基地間については、所要の認可等の手続きを経て、平成17年度初に着工することとし、長野－金沢車両基地間で一体的に平成26年度末の完成を目指すこととし、できる限り早期の完成を努めることとする

金沢車両基地−南越間	えちぜん鉄道の高架化と一体的に工事を行うことが効率的な福井駅部について、所要の認可等の手続きを経て、平成17年度初に着工し、平成20年度末の完成を目指す
南越−敦賀間	所要の手続きを経て、直ちに工事実施計画の認可申請を行う

五、整備財源

整備新幹線整備財源として、平成25年度以降の新幹線譲渡収入（新幹線整備充当分）に限り前倒して活用する。この場合、地方公共団体は、前倒し活用した新幹線譲渡収入の額の2分の1を負担する。

六、平成17年度の整備新幹線関係予算は、以下のとおりとする。

○ 整備新幹線建設事業費2195億円を計上する。このため、公共事業関係費706億円を計上する。

○ 整備新幹線建設推進高度化等事業費35億円を計上する。

七、北海道新幹線（新青森〜新函館）、北陸新幹線（上越〜金沢）等が整備されることに伴い生じる根元受益に関するＪＲの負担額については、これらの区間の開業時に精査する。

八、軌間可変電車の技術開発を推進し、早期実用化を図る。

九、今後の整備新幹線の取り扱いについては、必要に応じ随時に見直しを行うものとする。

十、本申合せに抵触しない事項であって従来の整備新幹線に係る申合せに規定されている事項は、依然として有効である。

平成二〇年十二月十六日

整備新幹線に係る政府・与党ワーキンググループにおける合意事項

一、整備新幹線については、今後、以下の方針に基づいて推進するものとする。

一、新規着工区間

次の区間等について、できる限り早急に完成することを前提に、平成二一年末までに認可するための所要の検討を進め、結論を得ることとする。

(一) 北海道新幹線

札幌－長万部間（整備方式は要検討）

(二) 北陸新幹線

白山総合車両基地－福井間

敦賀駅部の整備

(三) 九州新幹線（長崎ルート）

長崎駅部の整備

二、その他の区間

(一) 北海道新幹線

新函館－長万部間について、引き続き検討を行う。

これにあわせ、新八雲駅部の設計等を行う。

(二) 北陸新幹線

福井－敦賀間について、引き続き検討を行う。

これにあわせ、南越駅部の設計等を行うとともに、敦賀以西の延伸の方針の検討を進める。

(三) 九州新幹線（長崎ルート）

諫早－長崎間について、引き続き検討を行う。

なお、肥前山口－武雄温泉間の複線化等を進めることとし、さらにその具体化の方法の検討を行う。

三、並行在来線

並行在来線の地方負担の軽減、運行の在り方等について、さらに検討を進める。あわせて、ＪＲ貨物の運行の在り方について、さらに検討する。

二、以上のため、ＪＲからの貸付料等、国と地方の負担の在り方、地域開発予算、既設新幹線譲渡収入、鉄道運輸機構の特例勘定の活用等を含め、幅広い観点から財源確保の方策を検討する。

三、平成二一年度予算等

(一) 平成二一年度予算において、新規着工に伴う所要の予算を計上する。

(二) 貨物調整金について、平成二一年度から、新たな設備投資に係る資本費を対象経費に追加する。

整備新幹線の現状

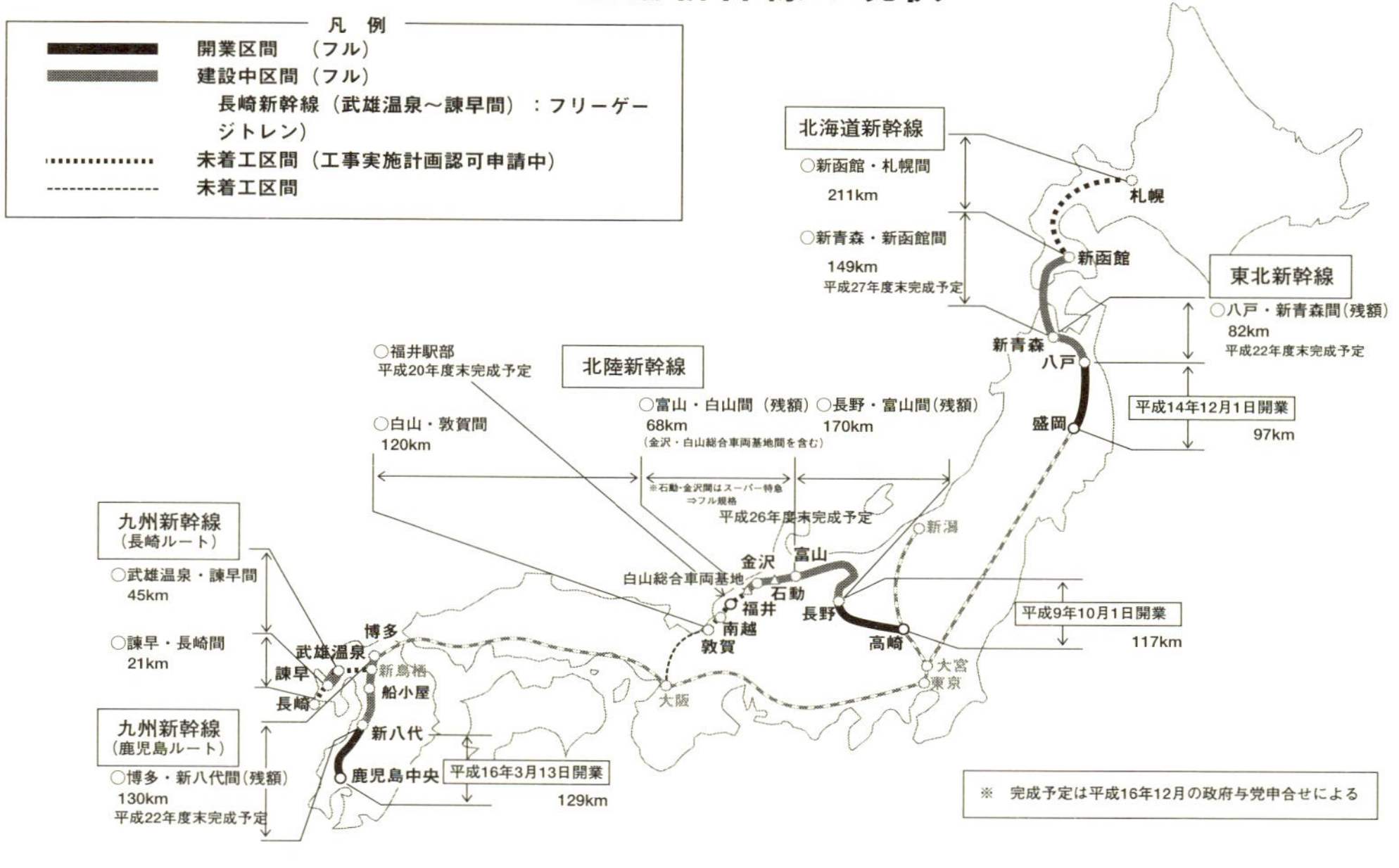
凡　例
開業区間　（フル）
建設中区間（フル）
長崎新幹線（武雄温泉～諫早間）：フリーゲージトレン）
未着工区間（工事実施計画認可申請中）
未着工区間
北海道新幹線
○新函館・札幌間
211km
○新青森・新函館間
149km
平成27年度末完成予定
東北新幹線
○八戸・新青森間（残額）
82km
平成22年度末完成予定
平成14年12月1日開業
97km
札幌
新函館
新青森
八戸
盛岡
北陸新幹線
○福井駅部
平成20年度末完成予定
○白山・敦賀間
120km
○富山・白山間（残額）
68km
（金沢・白山総合車両基地間を含む）
○長野・富山間（残額）
170km
※石動・金沢間はスーパー特急⇒フル規格
平成26年度末完成予定
平成9年10月1日開業
117km
金沢
富山
白山総合車両基地
石動
福井
長野
南越
敦賀
高崎
新潟
大宮
東京
大阪
九州新幹線
（長崎ルート）
○武雄温泉・諫早間
45km
○諫早・長崎間
21km
九州新幹線
（鹿児島ルート）
○博多・新八代間（残額）
130km
平成22年度末完成予定
博多
武雄温泉
新鳥栖
諫早
船小屋
長崎
新八代
鹿児島中央
平成16年3月13日開業
129km
※　完成予定は平成16年12月の政府与党申合せによる

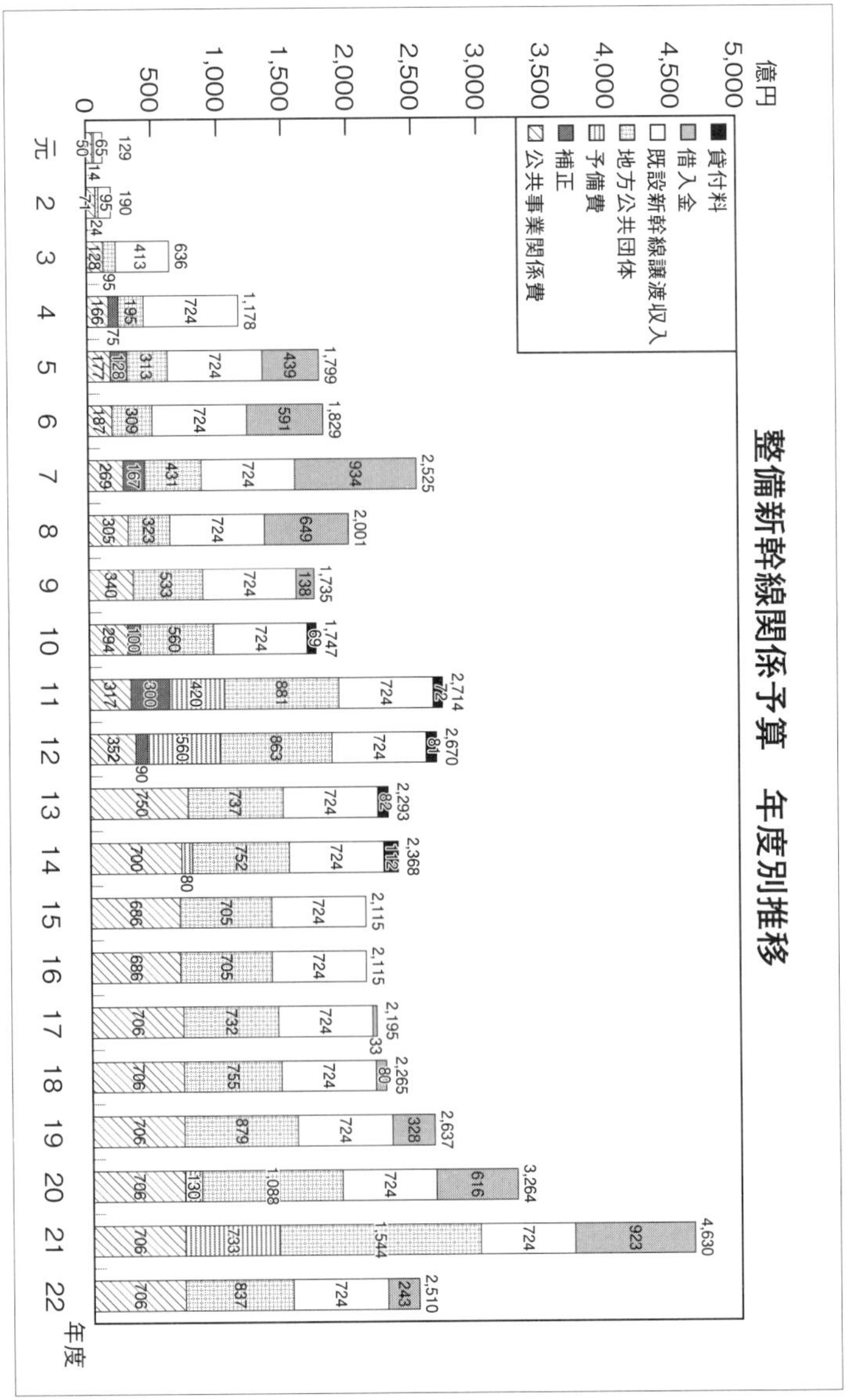
整備新幹線関係予算　年度別推移
億円
貸付料
借入金
既設新幹線譲渡収入
地方公共団体
予備費
補正
公共事業関係費
年度
元
2
3
4
5
6
7
8
9
10
11
12
13
14
15
16
17
18
19
20
21
22
0
500
1,000
1,500
2,000
2,500
3,000
3,500
4,000
4,500
5,000
129
190
636
1,178
1,799
1,829
2,525
2,001
1,735
1,747
2,714
2,670
2,293
2,368
2,115
2,115
2,195
2,265
2,637
3,264
4,630
2,510

整備新幹線の財源スキームについて

（平成22年度予算）

総額　2,510億円

借入金 243億円	既設新幹線譲渡収入 724億円	公共事業関係費 706億円	地方公共団体 837億円
国 1,673億円			地方公共団体 837億円
2			1

注1：地方公共団体は、公共事業関係費、既設新幹線譲渡収入及び借入金の合計額の2分の1を負担（所要の地方交付税措置を講ずる。）

注2：既設新幹線譲渡収入とは、平成3年10月に既に建設されていた新幹線鉄道施設（東海道、山陽、東北及び上越新幹線）をJR東日本、東海、西日本に譲渡した際の代金の一部

注3：借入金とは、所要の建設費を確保するため、将来の既設新幹線譲渡収入を担保として借入れた額

注4：新規着工に向けた留保分90億円を除く

新幹線の地震対策

地震警報システム(ユレダス)

・本震(Ｓ波)が線路に伝わる前に、伝わりの早い初期微動(Ｐ波)を発生源近傍で検知し、回線を通じて列車への送電を停め、列車を停止させる。

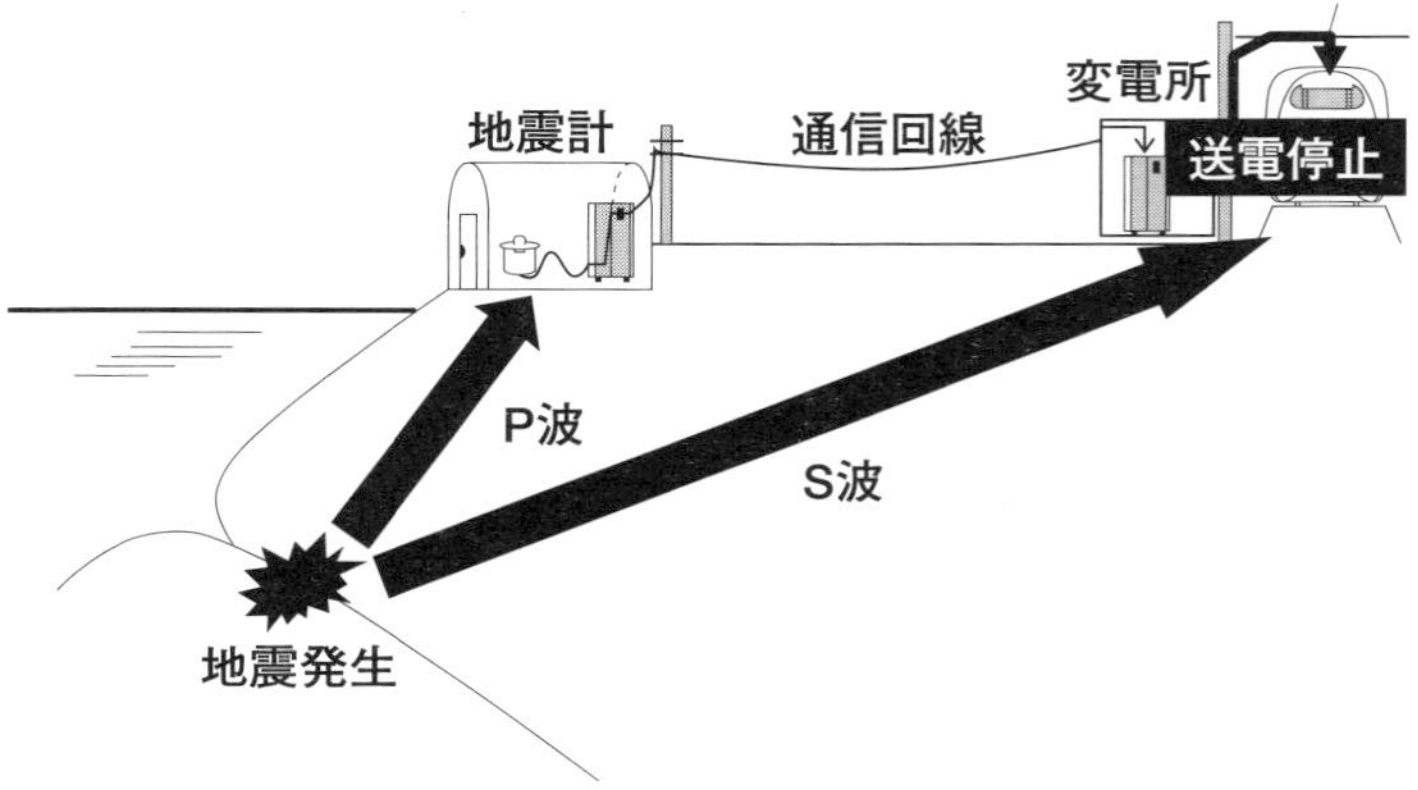

ＪＲ東海発表資料より引用

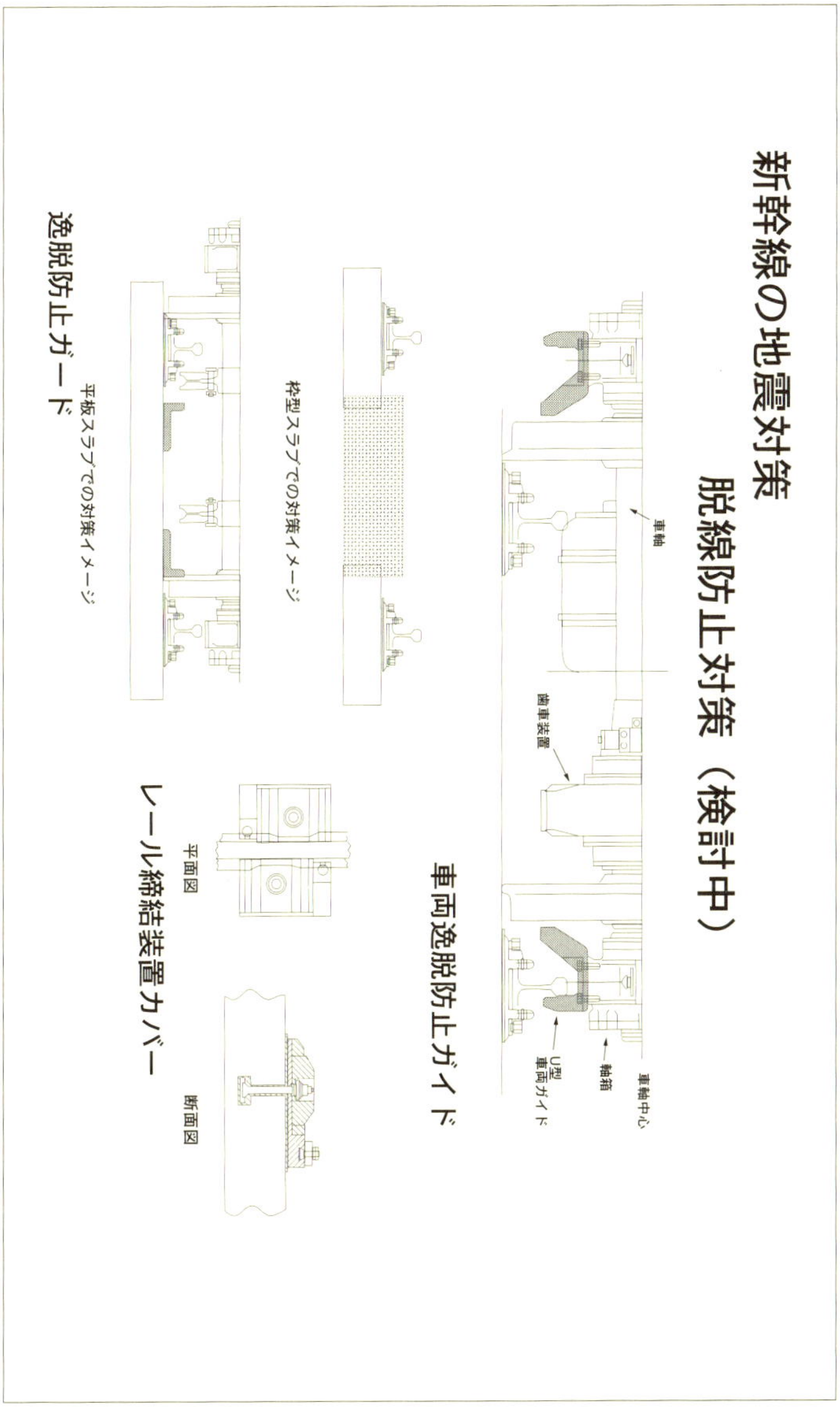
新幹線の地震対策
脱線防止対策（検討中）
車軸
歯車装置
車軸中心
軸箱
U型車両ガイド
車両逸脱防止ガイド
枠型スラブでの対策イメージ
平板スラブでの対策イメージ
逸脱防止ガード
平面図
断面図
レール締結装置カバー

大深度地下の概念図

地下室の建設のため利用が通常行われない深さ(A)	建築物の基礎の設置のための利用が通常行われない深さ(B)
・地下室の深さ＋離隔距離＝40m程度以深 （　25m　＋　15m　＝ 40m程度　）	・支持層上面の深さ＋離隔距離10m程度 ・建築物は、超高層ビル（増加荷重30トン/㎡）想定

いずれか深い方から下の空間が大深度地下

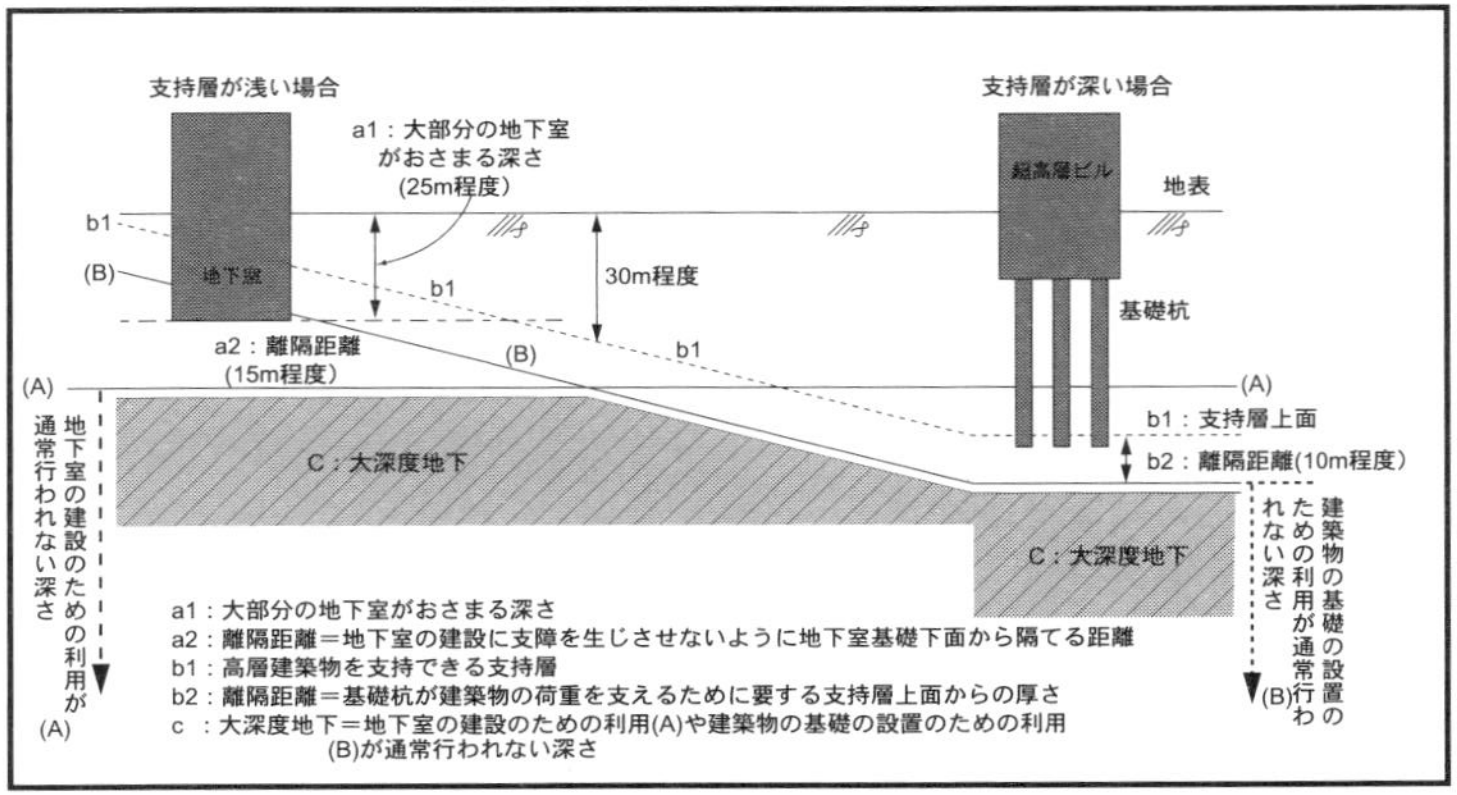

あとがき

国会の仕事は、委員会を基本に法案の審議を行う。委員会運営の中心は委員長である。法案の成否は委員長の指揮運営能力にかかっていると言われる、しかし、その段取りをつけるのは与党の筆頭理事である。委員長を勤め終わると理事として支え役に回り、委員会が円滑に回るよう役割分担をする慣例がある。これを御礼奉公と言っている。

私は国会で仕事をさせて頂き、幾つかの課題に取り組んで来たが、これまでの国会活動に対する御礼奉公のつもりで、まとめたものが本稿であるが、未だ充分ではない。意を尽くさなかった問題はこれからも努力して取り組むこととしたい。

東海道新幹線に着工する時は二〇〇キロメートル毎時以上で走行し、線路や車両が健全に維持管理できるか否かが、大きな課題であったが、十河総裁のリーダーシップとそれを支えた技術陣の叡智と努力により、見事に壁を超えることができた。

東京駅の銘版に刻まれている「東海道新幹線―この鉄道は日本人の叡智と努力によって完成された」とあるように大きな技術革新のはじまりとなり、世界に高速鉄道発展の道を拓くことになった。

既にフランスや中国では三〇〇キロメートル毎時以上の運転を実現し、日本でも三二〇キロメートル毎時の実施を目指して試験を重ねている。米国が高速鉄道の意義を評価し全米の十線区で計画を進めることが発表されたことは大きな前進である。ブラジルやインドのように新興の諸国が高速鉄道に取り組む姿勢を打出していることは朗報であり、日本の技術が適切に評価され、お役に立つことを期待するものである。

この場合、心掛けることは作る技術に加え安全の確保と適切な維持管理方式が併せて導入できるよう協力することが大切である。重要なことは高速鉄道に携わる人材の育成を配慮して、それぞれの国に必要な管理運営の技術陣が形成されることである。

私の国会活動は国鉄改革に始まり、新幹線の進展に努め、司法制度の改革で仕上げになったが、何れも未だ進行中の課題ばかりである。

これまでご指導いただいた森元総理をはじめとする先生方をはじめご協力頂いた皆様方に心から御礼を申し上げ、まとめと致します。

辿り来て　道なお遥か雲の峰

野沢太三

野沢太三プロフィール

昭和８年５月	長野県辰野町に生まれる
昭和31年３月	東京大学工学部土木工学科卒
昭和31年４月	日本国有鉄道入社
昭和56年４月	長野鉄道管理局長　技術士（建設部門）
昭和57年12月	本社施設局長　工学博士
昭和61年７月	参議院議員（比例区）当選 北海道開発政務次官
平成４年７月	参議院議員（比例区）２期目当選 参議院外務委員長、決算委員長
平成10年７月	参議院議員（比例区）３期目当選 自民党整備新幹線建設促進特別委員長、弾劾裁判所裁判長、参議院憲法調査会長
平成15年９月	法務大臣就任
平成16年11月	旭日大綬章受賞
現在　　公職	辰野町ふるさと大使
団体	全国保護司連盟顧問、社団法人日中科学技術文化センター会長、特定非営利活動法人日韓トンネル研究会長、日本鉄道施設協会顧問
学・協会	日本交通学会員、日本土木学会員、日本技術士会顧問、日本地盤学会員

野沢太三事務所

〒102-0072　東京都千代田区飯田橋4-1-11　信濃ビル6F

TEL 03-3237-1011

〈写真提供〉

- ㈱鉄道・運輸機構
- 沼本忠次氏

国会で活路を拓く

新幹線の軌跡と展望

2010年7月17日　初版発行

著者

野沢太三

発行・発売

創英社／三省堂書店

〒101-0051　東京都千代田区神田神保町1-1

Tel：03-3291-2295　Fax：03-3292-7687

印刷／製本

信濃印刷

ISBN 978-4-88142-399-8 C0065

落丁、乱丁本はお取替えいたします。